40歳からの

心と体メンテナンスBOOK

堀川 波

PHP

はじめに

30歳の頃の私は、まだまだ25歳の自分と変わらないと思っていました。太陽の下で遊んで日焼けしても、1か月後には元の肌色にもどる。髪を染めて毛先は痛んでも、根っこから生えてくるのは健康でいきいきツヤツヤした髪。少々の無茶をしても、子どもの頃からそうだったように体が新しい元気な細胞を作ってくれると思っていました。

それが、35歳を過ぎると、おや？　何か違う。日焼けした肌にうっすら、ぽつぽつシミが出てる。根元から生えてくる髪が細くなってる……。もう、私の体は昔のように新しい元気な細胞を作れなくなっているんだ。

さらに40歳を過ぎると、代謝が落ちているせいか、疲れが取れない、むくみやすいなどの「プチ不調」が気になるようになりました。不眠に悩まされるようになったのも、この頃からです。

自分の体がじわりじわりと「老化」していることを身をもって実感したのです。そうすると、心に漠然とした不安がもやもやと広がることも、増えました。

変化していく自分の体を、もっとケアしてあげよう。年齢とともに変わっていく自分の周りの環境や暮らしについても、いったん見直してみよう……そう思い、始めたさまざまな「メンテナンス」。「あれもしなきゃ、これもやらなきゃ」ではなく、自分をもっといたわってあげる色々なアイデアです。

年を重ねて、シミやしわまで自分のチャームポイントにできるような人が私の憧れです。でもそれは、20年、30年先のこと。そこにたどり着くのは、なるべくならゆっくりのほうがいい。ゆっくり年を重ねるためにできることは、何でも試してみるのもおもしろいかもと思うようになりました。

チャレンジしてみたい、体によさそうなことは、たくさんあります。すぐに効果が出なくてもいい。「やってみること」がわくわくする私の新しいチャレンジです。

堀川　波

もくじ

2 はじめに

第一章 大人女子の体を整える食べもの

8 無理しない食のこだわり
たまにするお取り寄せ
おいしく、安全な調味料で料理を楽しく

10 しょうが生活、続けてます
簡単しょうがドリンク
いつも作っているしょうがレシピ

12 乾いた体に効くねばねば食材
毎日の献立にプラスしたい、ねばねば小鉢

14 週末はこんにゃくで腸クレンジング
簡単おいしいこんにゃくレシピ

16 手軽に続けられるパワードリンク
40歳から飲みたい、体にいいドリンクたち

18 スプラウトを育てて食べよう
ズボラでも大丈夫、スプラウト栽培法
摘み立てスプラウトで作るレシピ

20 はじめての薬膳教室で体質改善
教室でいただいた木の子の薬膳コース
教室で購入した薬膳食品
家ではこんな風に取り入れています

24 話題のローフードにチャレンジ

column
26 疲れたとき、落ち込んだとき……
大人女子の自分の癒し方

第二章 40歳からのナチュラルアンチエイジング

28 40歳からの肌と髪の変化
私の変わったところは……
顔の印象を左右する髪の変化

30 ほうれい線を消すマッサージ
口の中を舌でマッサージしてほうれい線ケア

32 40歳から始める、髪のエイジングケア
おすすめヘアケアアイテム

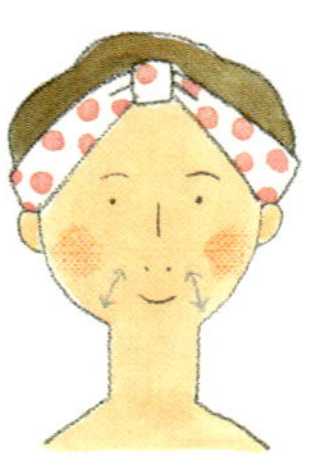

O・P・I
NAIL LACQUER
SMELLY

80 太陽を味方にして気持ちいい朝を迎えよう

82 40歳からのデンタルケア
歯間ケアやフッ素ジェルで歯を強く

column
84 40代になって変わってきた買いもののしかた

第四章
40歳からのお家メンテ

86 たまったモノを捨ててスッキリした家に
88 40歳から始めるプチ断捨離
90 植物いっぱいのリビングで元気をもらう
92 疲れたときは、植物の「生きる力」を味方につける
94 たまには「手抜きごはん」でゆるゆる家事
96 「手抜き」も楽しむ余裕を持てる大人に
98 風を通して家にいい気をめぐらせる
100 風と光がめぐる家には、人も運も集まってくる
102 大人だからこそ、自分の住む街を大切にしたい
104 地域に根を張り暮らす楽しみ

column
106 大人女子アンケート
キレイのためにこれだけはしてること

第五章
40歳からの人間関係メンテナンス

108 大人の友だちづきあい
友だちとの距離の取り方
110 40歳からのSNSとのつきあいかた
112 40代は、子どもとの関係も見直したい
114 たまには夫婦関係にもメンテナンスを
116 大人だからこそ、「三日坊主の習いごと」を大切に
118 今だからしたい、親孝行
120 40代だからこそできるチャレンジ
122 不安なときは、10年後の夢を考える
124 おくりもの上手になって、ありがとうを伝えられる人に
126 40代をもっと素敵に過ごすための10カ条

第一章

大人女子の体を整える食べもの

健やかに、元気に暮らすために、
まず気をつけたいのは日々の食事。
色々試してたどりついた、
私なりの健康法をお伝えします。

無理しない食のこだわり

たまにするお取り寄せ

北海道・いくら

こぼれるほどたっぷりのせたいくら丼は、お正月には欠かせないごちそうです。(清水商店・北海道)

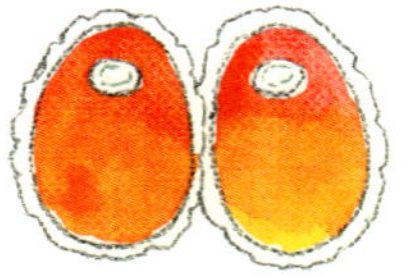

宮古島・マンゴー

とろっとした完熟アップルマンゴーを味わえるのは1年のうち7月の1カ月間だけ!（ふるさと農園・宮古島）

大阪・泉州水なす

果物のようにみずみずしくさっぱりした味わいは夏にぴったり。(あかしや・大阪)

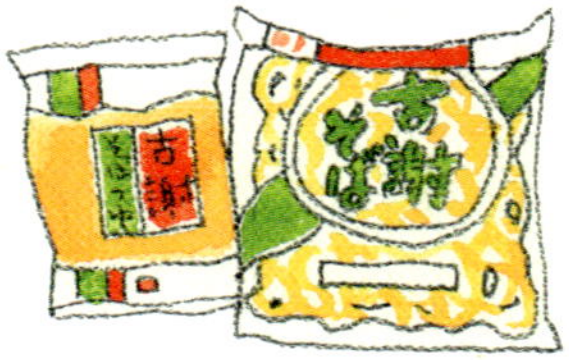

宮古島・古謝そば

エメラルドグリーンの宮古島の海が目に浮かぶ思い出の味をお取り寄せ!(古謝《こじゃ》製麺所・宮古島)

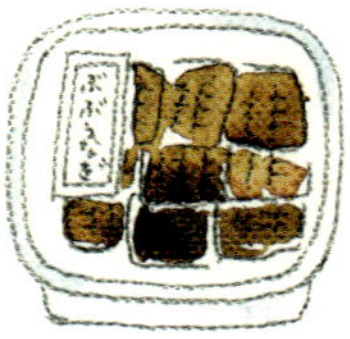

京都・ぶぶうなぎ

「ぶぶ」というのは京都弁でお茶のこと。でも、お茶ではなく、おだしで食べると最高。(錦・大國屋・京都府)

私の食のこだわりは、自分の環境の中で選ぶこと。無理はしないのです。定期的に無農薬の野菜や玄米を取り寄せていたりした時期もありますが、それは自分の普段の暮らしの中にないものだったので、疲れてしまって結局長続きしませんでした。

なので、いつも行く近所のスーパーやデパートに並んでいるものの中から、なるべく安全でおいしい、体にいいものを選ぶようにしています。スーパーで手に入らない伝統的な造り方のしょう油や料理酒は、インターネットで買ったりもしています。

いいかげんな性格上、ストイックにはハマれないローフードや、

おいしく、安全な調味料で料理を楽しく

三河みりん
腕があがったかと思うほど、料理がおいしくなります。（角谷文治郎商店・愛知県）

こんにちは料理酒
煮物にちょっと入れるだけで、家じゅうが料亭の香りに。（大木代吉本店・福島県）

千鳥酢
ツンとしないまろやかな味と香りでおいしい。（村山造酢・京都府）

低塩だし醤油
ぶっかけうどんだけでなく、冷ややっこにも煮物にも。（鎌田醤油・香川県）

薬膳料理も、外食でいただいたときに、家でも簡単に真似できそうなものだけ取り入れています。きちんと勉強している方にしてみれば、それでは意味がないとお叱りを受けそうですが、できる範囲で気軽に楽しむことが、私には一番合っているようです。

たまにするお取り寄せで、旬のフルーツを味わったり、旅先の道の駅で新鮮な地元食材を段ボールいっぱい買い込んだり、高級スーパーにしか売っていない、とっておきの調味料を買ってみたりして、日常の食卓に華やかでおいしく、体にいいサプライズを楽しんでいます。

しょうが生活、続けてます

高知県・下村農園の
無農薬しょうがを
お取り寄せしています。

冷えは万病につながると言われていますが、お肌にも大敵です。体が冷えていると代謝が悪くなり、血液の「めぐり」が悪くなるせいです。代謝が悪いと体の中に老廃物が溜まり、肌のくすみやシミ、吹き出物などにもつながるそうなので、なんとか冷えを追い出さねば！

そこで心がけて食べているのが「しょうが」。内臓を温めることで、血液のめぐりが良くなり、美肌に必要な酸素や栄養素が十分に行き渡るので肌の艶《つや》も良くなってくるのだとか。

しょうがに含まれる「ジンゲロール」は皮の近くに一番多く、活性酸素を除去し、殺菌作用も高いので、皮はむかずにそのまま生で食べるのが一番です。生で食べるのはなかなか難しいのですが、私はお刺身や、お豆腐などを食べるとき、積極的に薬味として食べることを心がけています。心なしか、吹き出物などには悩まされなくなりました。

簡単しょうがドリンク

黒糖しょうが湯

市販の「黒糖しょうがぱうだー」（黒糖本舗垣乃花）はお湯で溶くだけでぽかぽか。

ジンジャーミルクティ

紅茶にすりおろしたしょうが、ミルク、砂糖の代わりに蜂蜜を入れて飲んでます。

いつも作っているしょうがレシピ

しょうがご飯

いつものご飯に混ぜるだけ。
こってりしたおかずにも合います。

［作り方（2合分）］

1 しょうが2かけは皮つきのまま細切りにしてざるに入れ、流水に通して水けをきる。
2 だし昆布（5㎝角）、酒・みりん各大さじ1、塩小さじ1を入れ、水 360cc、米2合といっしょに炊く。

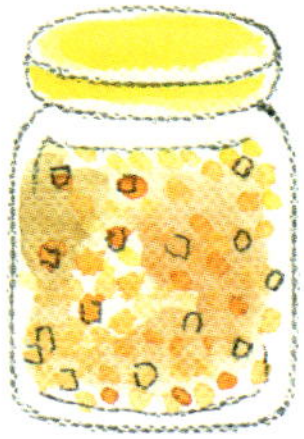

しょうがのしょうゆ漬け

あつあつご飯にのっけて、
朝ご飯に食べることも多いです。

［作り方］

1 しょうが 100g は皮つきのまま、細かいみじん切りにする。
2 1としょう油、みりん、酒各大さじ3を鍋に入れ、煮立たせる。沸騰したら火を止めて、かつお節（市販の小パック1袋分）を混ぜる。
3 煮汁ごとビンに詰めて、1〜2日おく。

谷中しょうがの肉巻き

焼き鳥屋さんで発見し、真似して
わが家の定番メニューに。

［作り方］

1 谷中しょうがに豚バラ肉を巻き、フライパンで肉の巻き終わりを下にして焼く。
2 豚肉が両面焼けたら、焼肉のたれをからめて完成。

乾いた体に効くねばねば食材

「ねばねば」が美味しく感じる今日このごろ。アラフォーの乾いた体が潤いを必要としているのかもしれません。オクラ、長いも、なめこ、納豆、モロヘイヤなどのぬるぬるねばねばの正体は「ムチン」という成分。このムチンには高い保湿効果があり、肌の粘膜を守ってくれます。また食べたものの栄養素を肌までしっかり届ける役割をしてくれるので、肌の新陳代謝もアップするそう。お年頃に、うれしい食材ですね。

また、もずくやめかぶのねばねばの正体は「フコイダン」。保湿力、抗酸化作用が期待できます。私は毎日の献立に、ねばねば食材を使った小鉢を一品プラスすることを心がけています。といっても、スーパーで買ってきたもずくやめかぶ、納豆を小鉢に盛りつけるだけ。簡単に食べられて体にもいいねばねば食品は、わが家の食卓に欠かせません。

毎日の献立にプラスしたい、ねばねば小鉢

もずくにんにく

沖縄で食べたもずくにはにんにくが！
意外な組み合わせがおいしい。

梅オクラ

かつお節としょう油だけでなく、
少しマヨネーズを入れるのがお気に入り。

トマトとモロヘイヤ
のおひたし

モロヘイヤはゆがいてみじん切りし、
トマトと和えます。お好みのドレッシングで。

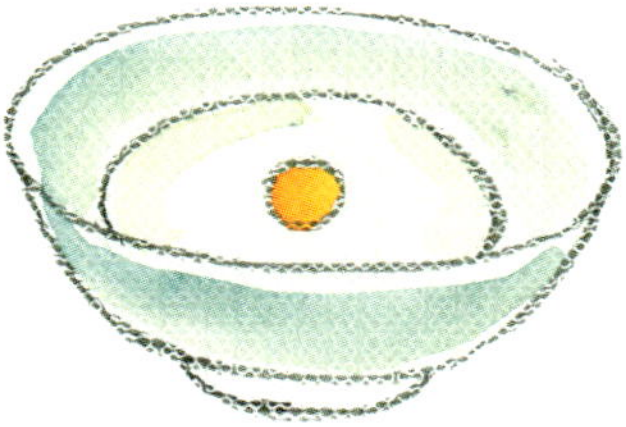

月見とろろ

すった山いもに、うずら卵を浮かべ、
しょう油をたらしていただきます。

ねばねば小鉢を一品プラスするだけで、ぐぐっとヘルシーになり、献立のバランスが良くなるような気がします。

週末はこんにゃくで腸クレンジング

こんにゃくは江戸時代から「おなかのお掃除役」として知られ、「腸の砂おろし」と呼ばれていたそうです。大晦日や節分、大掃除の後に「体内にたまった砂を出す」ためにこんにゃくを食べる風習がありました。

こんにゃくに含まれる食物繊維は非水溶性なので、体の中で消化されずに腸内に運ばれて便量を増やし、腸内の有害物質を体外に排出する働きをしてくれるのです。

「あー、今週は食べ過ぎたな、おなかまわりがなんだか重いな」と思うときは、昼ご飯に糸こんにゃく1パックとたらこを和えて、たらこパスタ風にして食べるのがお気に入り。おなかがふくれるので満足感もあり、おいしいのです。

その日は、間食を飲み物だけでがまんして、夜ご飯をひかえめにすると、次の日、おなかまわりがぺたんこになります。

このおなかのぽっこりをとりたーい!!

簡単おいしいこんにゃくレシピ

ピリ辛こんにゃく

こんにゃくは手でちぎったほうが味がよくしみて、おいしいです。

［作り方］

1 ちぎったこんにゃくと鷹の爪をフライパンでから煎りし、水気をとばす。

2 しょう油、砂糖、みりん、酒各大さじ1を入れ、煮汁がなくなるまで炒める。

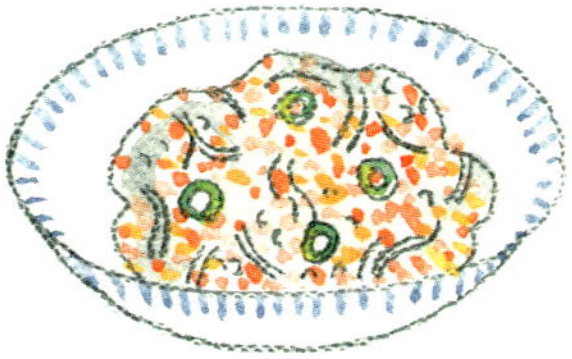

糸こんにゃくのたらこあえ

「太ったな」と思ったら、昼食に1パック丸ごと使ってこれを食べます。

［作り方］

1 フライパンにゴマ油を入れて糸こんにゃくを炒める。

2 全体に油がまわったら、たらこを加えて火を止め、全体にからめてできあがり。お好みで小口切りにしたネギなどを散らして。

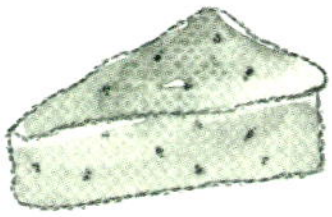

板こんにゃく

おでんの三角こんにゃくは、家族でとりあいになるほど人気です。

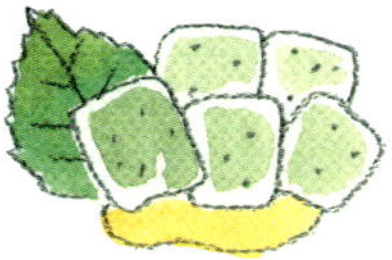

刺し身こんにゃく

酢味噌で食べるのもおいしいですが、ゴマ油と塩で食べるのも好きです。

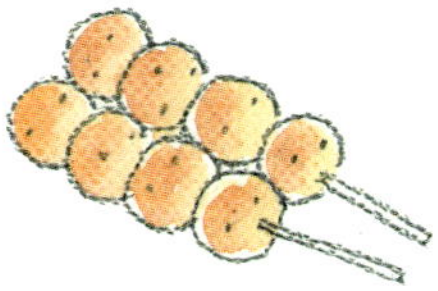

玉こんにゃく

上京してから知った味。しょう油と砂糖で煮付けるとたまらなくおいしい！

手軽に続けられるパワードリンク

放射性物質を体内から除去してくれるということで注目され、スーパーフードと呼ばれているスピルリナをご存じですか。

湖など淡水に生息する濃緑色の単細胞微細藻類で、何十億年も前に誕生したあらゆる植物の起源だとも言われています。スピルリナはアルカリ性で、毎日摂取することで酸性に傾いた体を本来の健康な状態へと戻してくれるそう。

血液中の毒素をきれいにしてくれるので肌の調子が良くなるなど、40代にうれしい効果がいっぱいと聞き、毎朝市販の野菜ジュースに小さじ1杯のスピルリナを混ぜて飲んでいます。

独特の味と色なので、家族は魔女を見るような目で私を見ていますが、お通じが良くなり吹き出物が出なくなりました。少しでも効果を感じられると続けられるものですね。

オーガニックスピルリナ

まるで魔女の飲みもの!

40歳から飲みたい、体にいいドリンクたち

甘酒は、「飲む点滴」と言われるほど豊富な栄養が含まれている日本古来の飲み物。さらに、美肌効果も高いんです。豊富に含まれるビタミンB群には、お肌をつるつるにする効果が。さらにコウジ酸には、シミの原因となるメラニンの生成を抑える効果があります。

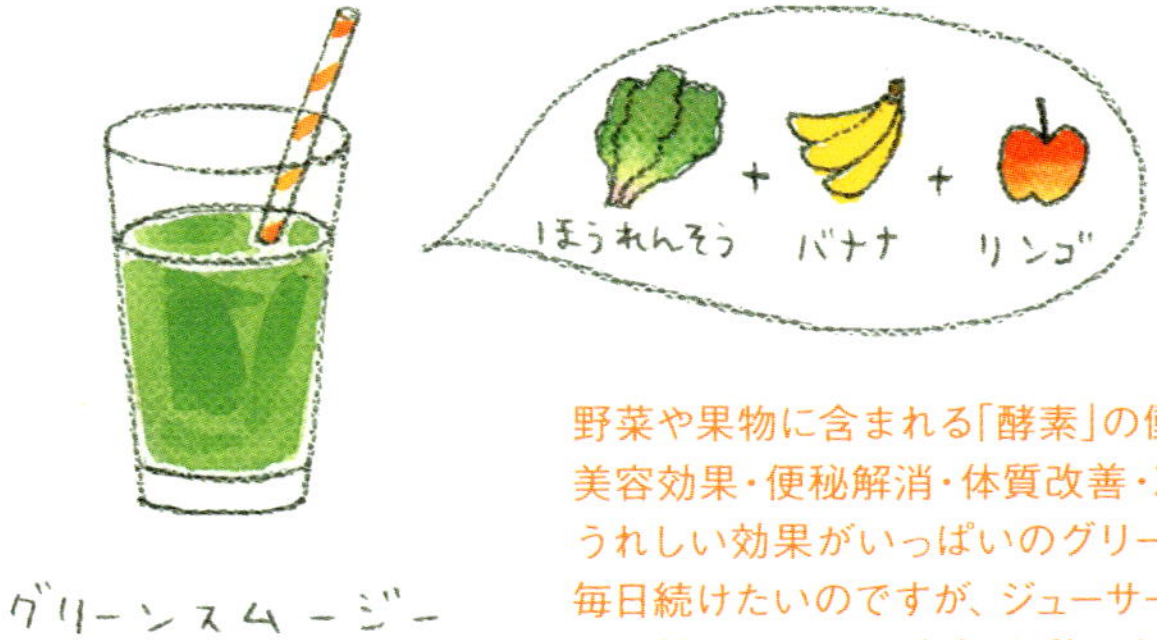

野菜や果物に含まれる「酵素」の働きで、新陳代謝アップ・美容効果・便秘解消・体質改善・冷え性改善など40代にうれしい効果がいっぱいのグリーンスムージー。ぜひとも毎日続けたいのですが、ジューサーを使うのが面倒でなかなか続けられないズボラな私です。

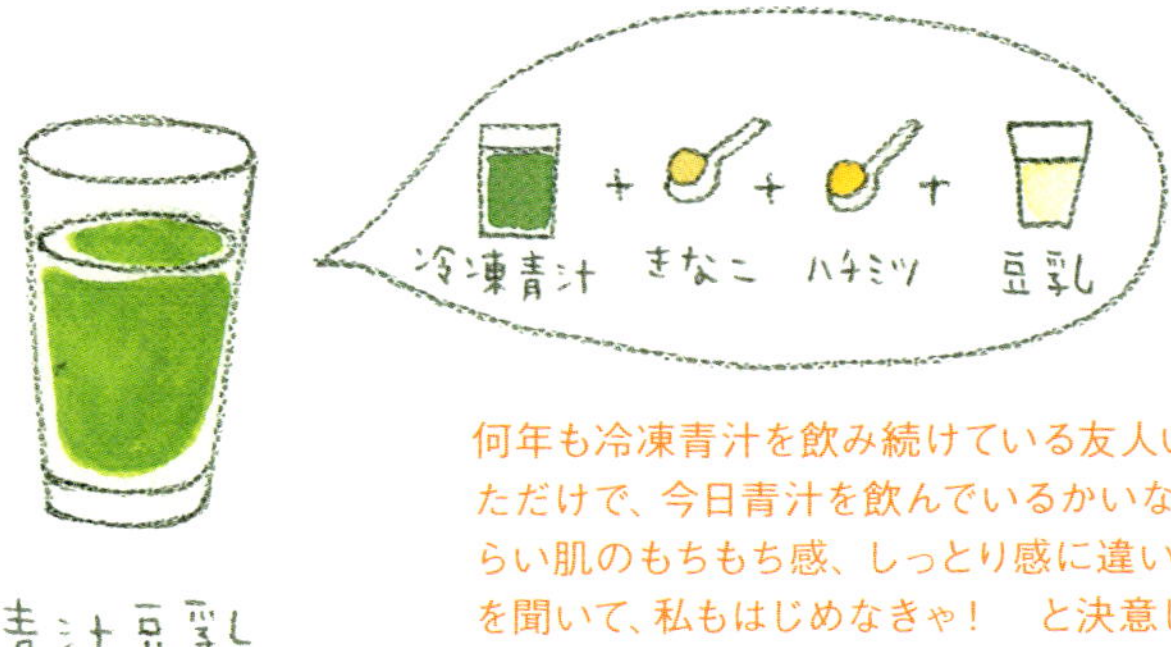

何年も冷凍青汁を飲み続けている友人いわく、「肌を触っただけで、今日青汁を飲んでいるかいないかが分かる」くらい肌のもちもち感、しっとり感に違いがあるそう。それを聞いて、私もはじめなきゃ！　と決意してしまうほど、友人のお肌はきれいです。

スプラウトを育てて食べよう

沖縄の宮古島に行ったとき、地元の人はハーブや野草をよく食べていました。庭に生えている野草を食べる分だけ摘んだり、新鮮なパルダマ（水前寺菜）、すべりひゆ、ニンジンモドキなどのハーブが市場に売っていたり。それがとても美しくておいしくて、体が喜ぶ味がするのです。あんな野菜を自分で作れないかと思い、行きついたのがスプラウト。植物の種子は次の生命を誕生させるエネルギーを秘めていて、発芽して新芽になったときに生長のピークを迎えるそうです。

　新芽を生長の過程で食べるのがスプラウト。そのため、リビングフード（生きている食べもの）と言われています。生の「酵素」を含んでいるので、生きたサプリメントとも。

　自分の家で簡単に栽培できるスプラウトは、農薬や大気汚染、放射能の心配もありません。かわいくて、おいしくて、パワーのあるスプラウト。色々な種を育てて食べて、楽しんでいます。

オーガニックの種がネットで買えます
ルッコラ
そば
アオジソ
ブロッコリー

ズボラでも大丈夫、スプラウト栽培法

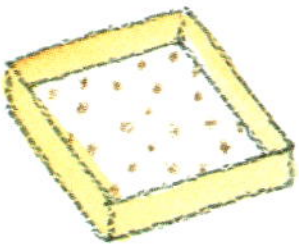

1　平たい容器に濡らしたキッチンペーパーを敷き、種をまく。

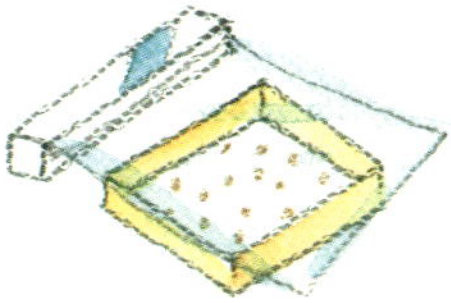

2　乾燥を防ぐため、ラップをかけ、暗い場所に置く。

3　発芽して双葉が開いたらラップをはずして、明るい場所に置き、1日1回水をやる。
※1週間から10日ほどで収穫できます。

摘み立てスプラウトで作るレシピ

生ハムスプラウト巻き

色んな種類のスプラウトを巻いて
味くらべしても楽しいです。

［作り方］

1　収穫したスプラウト（お好みの量）を生ハムで巻く。
2　ゴマドレッシングなど、お好みのたれでいただく。

にんじんと スプラウトの サラダ

オレンジとグリーンの色どりが
とてもきれいで、食卓が華やかに。

［作り方］

1　にんじんは7cm長さの千切りにし、塩もみする。
2　収穫したスプラウトとともに、ボウルに盛りお好みのドレッシングをかける。

はじめての薬膳教室で体質改善

最近ちょっと体が疲れてるなというとき、体の中から元気になれる美味しいご飯が食べたくなります。銀座にある星福《シンフウ》はまさに、そんなときにぴったりの薬膳料理レストラン。普段不足しがちな食材をうまく取り入れ、疲れた体にじわりじわりと効いてくる美味しいお料理がいただけます。

今回はその星福の薬膳教室に参加してきました。季節や天候に応じた美容・養生法、日常のおすすめの食材の勉強ができて、さらにその効果を実感できる薬膳のコース料理がいただける贅沢なお教室。

生徒さんは年配の女性が多く、はじめての私にもあれこれ教えてくださいました。「○○は体にいいのよ」なんて新聞の切り抜きを持参しているおばさまや、「うちの庭でとれたナツメよ」と生のナツメをみんなにふるまってくれるおばさまがいて、昭和気分のほっこり和みムードの講習会でした。

講師は星福のオーナーであり、薬膳アドバイザーの謝先生。印象に残ったのは、「皮膚の膚の字の中には、胃という字が入っています。肌は内臓の鏡」というお話。健康な体と健康な肌があってこそ美肌が保たれるということ。食べたものを胃腸がよく消化すると、皮膚は丈夫になり、艶が出てくるのだそうです。

表面だけでなく、食べるものを変えて中からきれいになる、という当たり前のことを忘れていた自分に気づきました。自分が本来持っている免疫力を高められる食事作りを心がけ、内臓からキレイになりたいと思います。

教室でいただいた木の子の薬膳コース

松茸入り 季節の
薬膳蒸しスープ
霊芝茸と白キクラゲの
オイスターソース煮
しめじと甘海老のニンニク
味噌蒸し
鰻とキクラゲの薬膳鍋

亀ゼリー ココナッツミルクがけ

食べてるときから体がポカポカ

中国薬膳料理　星福《シンフウ》　銀座本店
東京都中央区銀座 6-9-9
かねまつビル 6F
TEL：03-3289-4245

教室で購入した薬膳食品

クコの実

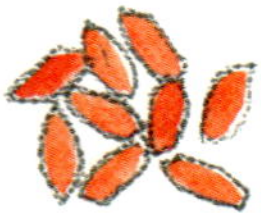

【効能】目の疲労、目の充血、滋養強壮

クコの実(枸杞子《くこし》)は、眼精疲労や足腰などの痛みの緩和、疲労回復効果が期待できます。クコの実には、緑黄色野菜に豊富なβカロテンも多く含まれているそうです。

ナツメ

【効能】食欲不振、精神安定、不眠、イライラ解消

「1日3個ナツメを食べれば年を取らない」ということわざがあるほど、老化防止、美肌効果にすぐれています。鉄分、カルシウム、カリウムなどのミネラルが豊富で、精神安定、不眠などにも効果あり。

白キクラゲ

【効能】肺を潤し、皮膚の乾燥、咳を鎮める

植物コラーゲンが豊富で体の水分を補う効果があり、アンチエイジング、美肌効果が期待できます。楊貴妃も好んで食べていたという説もあるくらい、お肌に良い食材。

菊花茶

【効能】視力を整え、風邪による発熱やイライラを改善する

眼精疲労(疲れ目)に効果があるので、1日中パソコンに向き合って仕事をしている方などにおすすめ。また、眠る前に菊花茶を飲むとリラックスして深い眠りを誘います。

ハトムギ

【効能】利尿作用、むくみの解消

利尿・利水作用が高いので、むくみ改善やデトックス効果があり、肌につやと潤いを与えます。ニキビ、シミ、そばかすにも効果がありアンチエイジングにぴったり。

家ではこんな風に取り入れています

鶏手羽とナツメの
コラーゲン煮

鍋に鶏手羽、水で戻したナツメを入れ、しょうゆ、砂糖、酢、水でことこと煮るだけ。

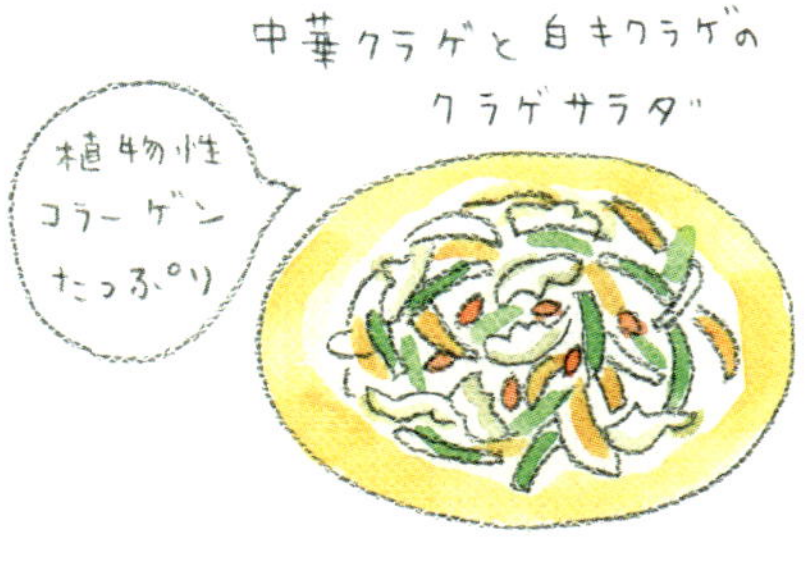
中華クラゲと白キクラゲの
クラゲサラダ
植物性
コラーゲン
たっぷり

市販の中華クラゲに水で戻した白キクラゲ、千切りきゅうり、鶏のささみを加えてマヨネーズであえます。

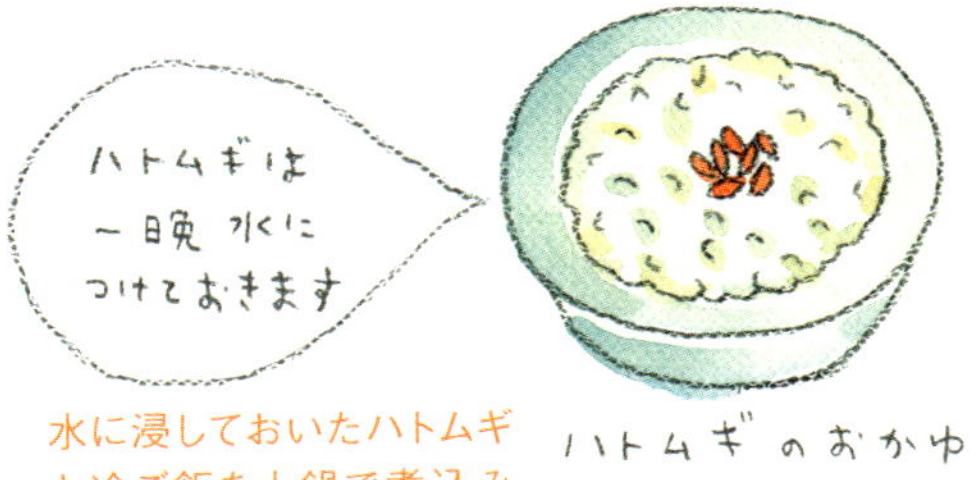
ハトムギは
一晩水に
つけておきます
ハトムギのおかゆ

水に浸しておいたハトムギと冷ご飯を土鍋で煮込みます。体にやさしい。

眠る前
ミルクを入れて
リラックス
緑茶とブレンドしても♡
菊花茶
ハチミツ
クコを
入れても

カップに浮かぶかわいらしい花とアロマ効果のある香りでリラックスできる癒しのお茶です。

クコの実の
ハチミツ漬け
ヨーグルト
に
かけて食べます

クコの実ってナウシカの「チコの実」に似てる！
そう思うとよけいにパワーが出てきそう。

話題のローフードにチャレンジ

薄く切った
ズッキーニが
パスタに
なってます
キャベツ酵素
ドレッシングが
おいしい！
カラフルサラダ
野菜のパスタ
パパイヤ
小松菜
みかん
キウイ
グリーンスムージー
食感
がおもしろい！
海藻ヌードル

興味はあるけれど、作るのは難しそうなローフード。そこで、仲良しママ友3人で、ローフードカフェへランチに行ってきました。ローフードとは野菜や果物を、加熱しない生の状態か48度以下で調理したもの。酵素や栄養素を効果的に摂り入れ、体本来の自然治癒力を高める食事です。

体には良さそうだけど、薄味ですぐにおなかがすきそう……と不安を抱きつつ食べてみました。すると、意外と味付けがしっかりしていて、イタリアン、エスニックなどバリエーションも豊富でびっくり。そして、卵も乳製品も使っていないのにとってもクリーミーでこってりしたソース。どう

やらその正体は色々なナッツのペーストとのこと。

デザートのチーズケーキタルトにもびっくり！　小麦粉・卵・牛乳・白いお砂糖・チーズを使っていないのに、チーズケーキの味がするのです。これもカシューナッツのペーストの力。すごいな〜と3人で感心しきりの楽しい満足感のあるランチになりました。

さてさて、ローフード、どんな効果があったかと言いますと、3人とも次の日の朝のすっきり感にはびっくり！　やっぱり体にいいのはまちがいなし。少しずつでも毎日の生活に取り入れていけたらと思います。

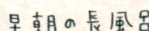

column

疲れたとき、落ち込んだとき……
大人女子の自分の癒し方

周りの友人から聞いた、気軽にできる
元気をチャージするアイデアたち。

本屋さんで
フラフラ立ち読み
撮りだめたビデオ(映画)
をゴロゴロしながら見る
TV
お花をたくさん
飾る
大好きな 芸能人を
追いかける
早朝の長風呂
アロマを焚いて
まったり

第二章

40歳からの
ナチュラルアンチエイジング

肌や髪のエイジング・サインが
本格的に気になってきたこの頃。
自分らしく、無理のない範囲でケアできるよう、
毎日心がけていることをご紹介します。

40歳からの肌と髪の変化

私の変わったところは……

個人差はあると思いますが、私は35歳頃から肌や髪の質、体型が変わってきました。

突然ではなく、じわりじわりと変わっていくので、自分ではなかなか気がつかないものなのですが、あるとき、愕然としたのです。子どもの写真やビデオのはしっこに、ふと映り込んでしまった自分を見て、「なんだこの背中の丸い、しわしわのおばさんは！」と。

そう、カメラを意識していない無意識の自分を客観的に見たとき、はじめて己の現実を知りました。写真で見せられる現実は本当にリアルで怖い！　でも、これが大事なのだと思います。

顔の印象を左右する髪の変化

白髪が増えました

うす毛・ぬけ毛

乾燥によるフケ・かゆみ

シャンプーの香りが続かない

背筋は普段から意識して伸ばさなきゃ、髪に艶を与えてあげなきゃ、ダイエットしなきゃと、本気で思いましたから。

毎朝お化粧するときに、鏡の前で正面から見てるだけでは分からないこと、たくさんあるんですよね。

加齢によってたるんでいく肉、くすんでいく肌という老化していく現実は受け入れつつ、せめてこぎれいに若々しく見える洋服を着よう、健康的に野菜を食べよう、いっぱい笑おうなど、自分でできることからやっていこうと思います。

ほうれい線を消すマッサージ

スマートフォンでカメラ撮影をしようとして、間違えて自分の顔を写してしまったとき。自分の顔の、あまりのおばさんっぷりに画像を直視できないことがしばしば。

怒っているわけではないのに、不機嫌そうに見えてしまう。その大きな原因の一つが、顔のたるみによるほうれい線です。これがあるとないとでは、見た目年齢がずいぶん違うそうです。口の中で舌を動かすほうれい線ケアは、人目さえなければ、いつでもどこでもできます。完全に消えはしなくても、やらないよりはやったほうがいいに決まってます。

顔の筋肉がだらけきっているとき、ほうれい線はより深く見えます。そのため、普段の生活でも口元に緊張感を持って、少しでもいきいきした表情になるよう心がけています。ほんの少し口角をあげることを意識するだけでも、怖いおばさん顔ではなくなります。

普通にしているつもりでも、
頬がたるんで口角が下がり、怖い印象に。

普段から口角を上げるように心がけると、
印象も若々しく優しげになります。

口の中を舌でマッサージしてほうれい線ケア

左右回り　10回ずつ
舌をくるくる押し回す

左右　10回ずつ
舌でほうれい線をなぞる

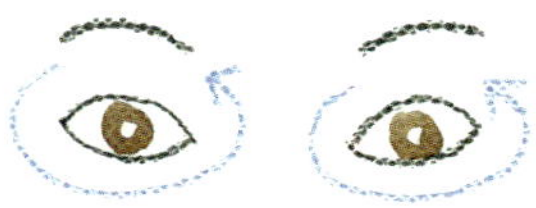

このとき、目も一緒に動かすと筋肉がほぐされ
血行が良くなりキラキラした瞳になる効果が！

40歳から始める、髪のエイジングケア

頭頂部にふわふわと立ち上がる、短いうねりのある髪。私は以前、ストレートのおかっぱ頭が大好きだったので、そのふわふわとしたクセ毛が目立つことが気になってしょうがありませんでした。

自分は髪の量が多いほうだと思っていたので、数本の髪はぷちっと抜いていたのです。抜いても抜いても、髪はすぐにわんさか生えてくると思っていましたから。

それが35歳を過ぎた頃、いつものようにブローしていたら、「おや？　頭のてっぺんの地肌が透けてやしないかい？」と気づいてしまったのです！　が――ん。調子に乗って抜いていた場所が、う、う、薄毛になってる～。いつまでも生えてくると思っていた髪の毛だけど、もう生えてくれなくなったんだ……。

その日から、私はどんなボヨボヨのクセ毛でも大事にしています。そして、近頃では好きだったおかっぱ頭をばっさり切って、ショートヘアスタイルでおしゃれを楽しむようになりました。

この頃からスーパーで売っているシャンプーだと、かゆみが出たり、パサパサしたりするようになってきました。美容師さんに相談すると、サロンで扱っているものや、無添加に近いものがいいとアドバイスされました。新しいシャンプーを使うときは、ものすごく丁寧に洗うので、最初はいつも髪の調子がすごくいい！　でも飽きてくると、やはり適当になってしまうので、1カ月くらいで使いきれる小さめのものを買うようにしています。丁寧に洗う、よくすすぐ、ドライヤーできちんと乾かしてから寝る、こういう基本が大事なんですよね。

おすすめヘアケアアイテム

もこもこした
泡立ちで
毛穴からスッキリ!
ラッシュのシャンプーバー
シャンプー後
ぬれた髪
につけると
しっとり
ツヤツヤ
john master organics
香りも
いい!
ジョンマスターオーガニック
ヘアオイル
なつかしい
溶かして
使うリンス
はヌメヌメ
しなくていい
プチバレ
シャボン玉石けん
固形シャンプー & パウダーリンス
洗い流さない
タイプの
コンディショナー
とにかく
肌にやさしい!
LEBEL 4.7
酸性
MOISTURE
ルベル 4.7 酸性
モイスチャーコンディショナー
今では
どんな ボヨボヨ
した髪も
大事にする
私は まさに
波平!!

大人のヘアスタイル提案

NG

疲れて見える
ひとつくくり

後ろでひとつにくくるスタイルは、
疲れたおばさんっぽさが強調されます。

→

OK

同じ髪型でも後頭部に
ボリュームを出すと おしゃれ度UP

後頭部に逆毛を立ててからくくると
おしゃれな印象に！

NG

ぺたんこボブを

髪の少なさ、細さが気になる人は、
老けて見えてしまうことも。

→

OK

ふんわりボブに
して若々しく

シャンプー後に根元から立ちあげて乾かし、
毛先を巻くとふんわり若々しい印象に。

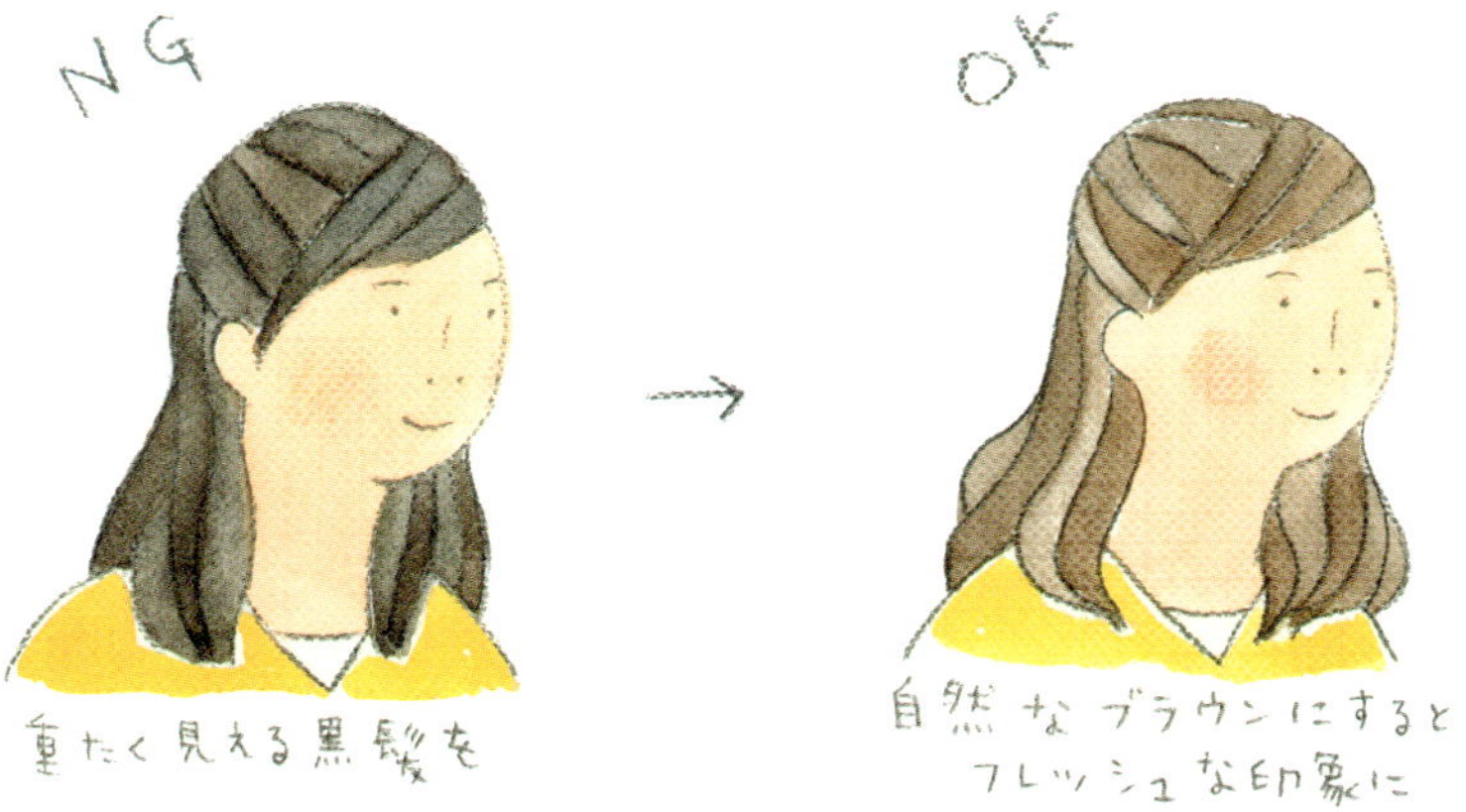

髪にツヤがなくなってくると、
黒髪で清潔感を出すのが難しくなります。

明る過ぎるのはNGですが、
自然なブラウンなら上品で爽やかに。

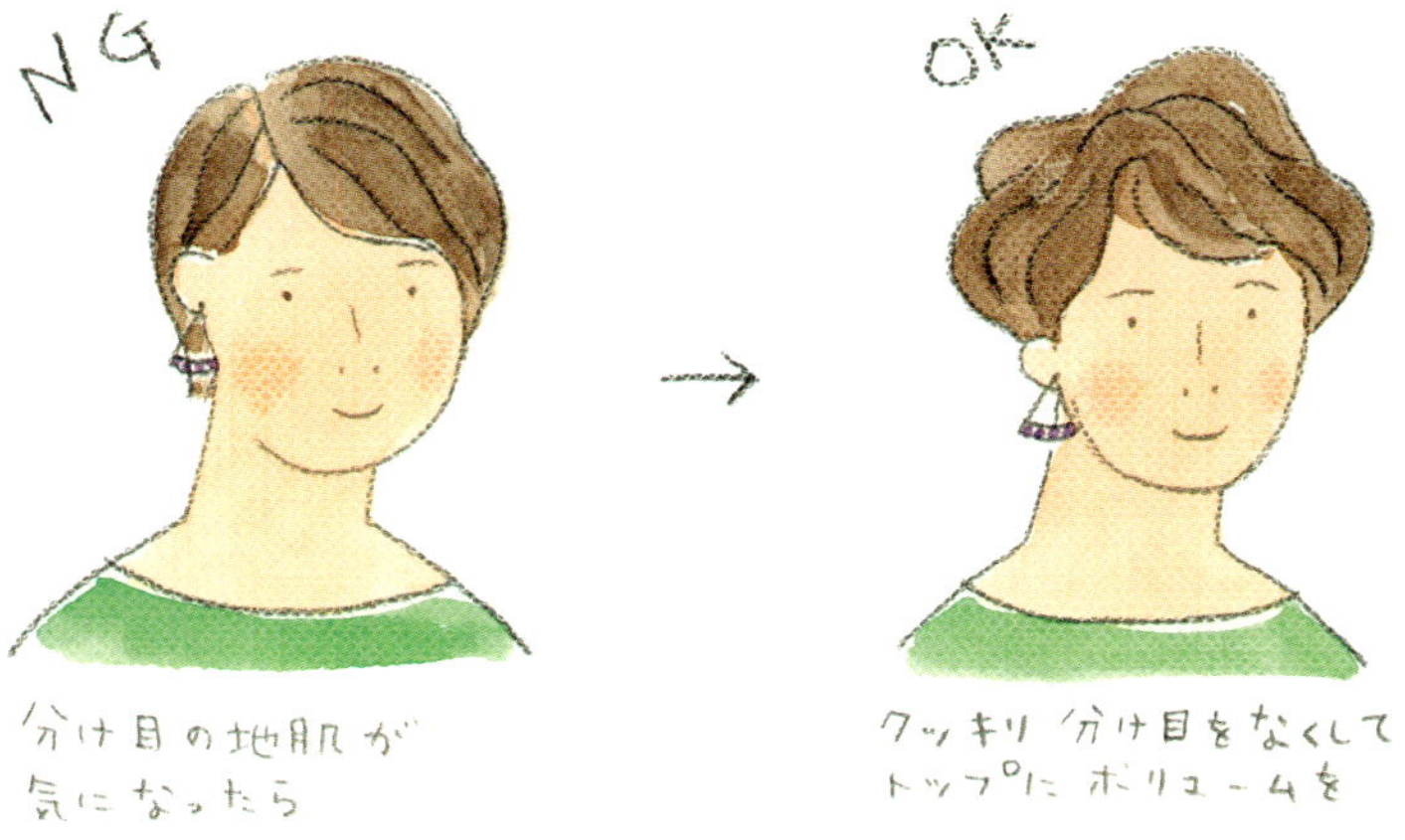

いつも同じ分け目だと、そこだけ地肌が
薄く透けてしまいます。

分け目をなくして毛先をカールするだけで、
地肌の透けが気になりません。

40代こそオーガニック化粧品

ビオデルマ
H2O
(水クレンジング)
ロゼット
クレンジングミルク
BIODERMA

オーガニックの洗顔せっけん

顔だけでなく体まで安心して洗えるものを選んでます。小分けにカットしながら使ってます。

アレッポのソープ
john masters organics
ジョンマスターオーガニックのソープ

肌に優しいクレンジング

どちらも洗い流さないふきとり式クレンジングなので、お肌に潤いが残り乾燥しにくいです。

35歳を過ぎた頃から、乾燥肌に悩まされるようになりました。そんなとき、おみやげにチープでかわいい韓国コスメをいただいたのですが、乾燥して敏感になった肌は、香料や刺激成分の強いコスメを受け付けない！　さらに、メガブランドの高級化粧品の香りも受け付けない！　香りに酔ってしまうようになったのです。

その頃から、基礎化粧品は肌を健康に維持できることを最優先にするようになりました。美白も引き締め効果もいらない。肌につけて気持ちのいいものが欲しい。

試行錯誤するうちに、なるべく肌に負担の少ないオーガニックのものや、無駄な成分の入っていな

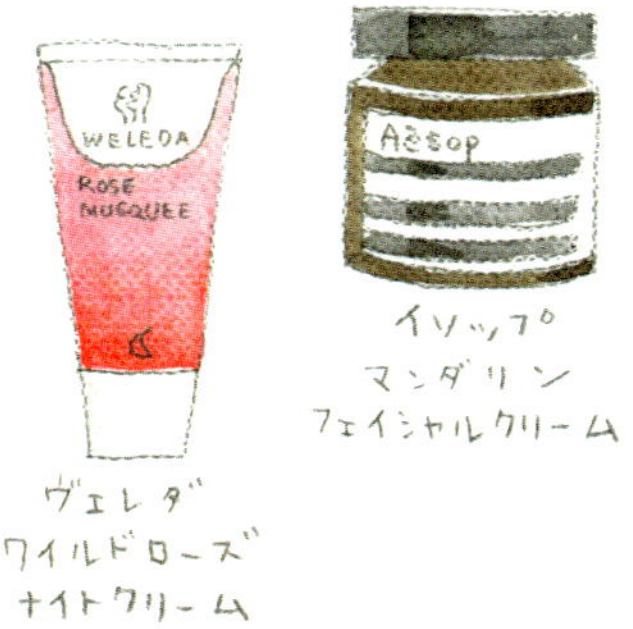
WELEDA
ROSE MUSQUEE
Aēsop
イソップ
マンダリン
フェイシャルクリーム
ヴェレダ
ワイルドローズ
ナイトクリーム

天然の精油が配合されたクリーム

手をかけ過ぎず、正常な肌の状態をキープしたい人にぴったりです。

シンプルで効果の高い化粧水

洗顔後の化粧水は天然のアロマな香りに癒されたい。スプレーすると心がほどけていきます。

EAUDE MUGE
THREE
オードムーゲ
メルヴィータ
フラワーウォーター
スリー
コンセントレート
ローション

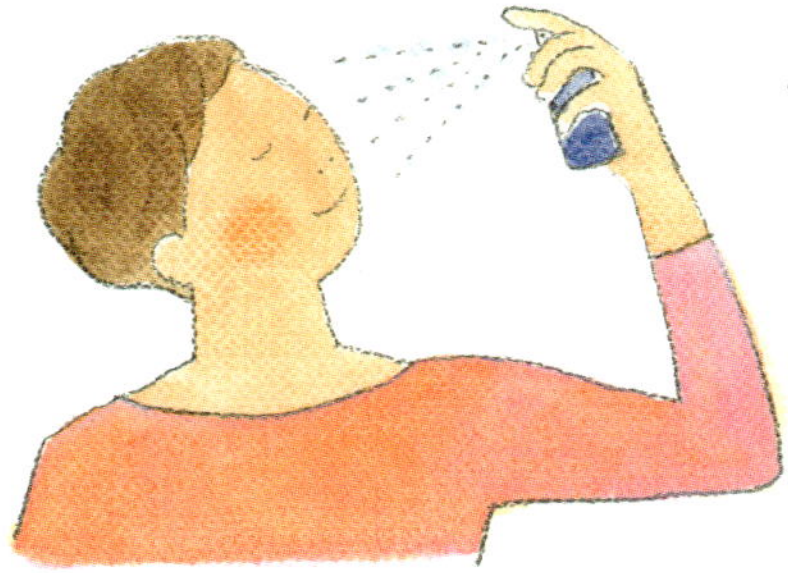

いものが合うことに気づきました。香りも天然の精油を使ったものに、心がほどけるような癒しを感じるように。

『イソップ』や『メルヴィータ』『ニールズヤード　レメディーズ』などがお気に入りです。

そういえば、この頃から食べ物の嗜好も変わってきたように思います。焼肉などのこってりしたものよりも、自然と野菜が食べたいと思うようになりました。体の声に耳を傾けて、そのときどきに自分が一番心地いいと感じるものを選んでいくことが、自分らしいキレイにつながるのかもしれません。

40代、みんなの基礎化粧品事情

悩みは
小さくて 赤い
プツプツした
ふきでもの
42才 カメラマン

- スキンケアは すべて ドクターシーラボ
- たまに スペシャルケアとして
  フェヴリナの 炭酸パック

悩みは
オトナニキビ
43才 主婦

- 洗顔は NOV
- クレンジングは ディオール
- 化粧水は アスタリフト
- 美容液は ジョンマスターオーガニック
- クリームは キールズ

コスメ
大好き♡
デパートで
買ってます
44才 主婦

- 化粧水・美容液は シャネルの
  エクストレムコレクシオン
- アイクリームは イヴ・サンローランの
  フォーエバー
- 洗顔・クレンジングは
  MARKS & WEB

大事なのは
クレンジング！
47才 編集者

- 1ケ月半に 1回、米澤式健顔に
  通っている
- 週の半分は 自宅でも
  米澤式クレンジング

周りの40代女子たちは、どんな化粧品を使っているのかしら……
知りたいけれど聞けないことを教えてもらいました！

自然派志向！オーストラリア在住
42才 リメイク作家

- ヘアケア・スキンケアは すべて ボタニカル・コスメの イソップ
- ファンデーションは オーガニックコスメの アムリターラ

毎日青汁を飲んでます
45才 デザイナー

- 化粧水は ドラッグストアに 売っているものを 浴びるように たっぷり 使う
- 湯船につかって 乳液パックも 毎日しています

たぶん 肌は丈夫！なほう…
42才 カフェ店主

- スキンケアは すべて オルビス
- 20代のころは ハイブランドなど アレコレ試したが 効果が よく 分からないのが 本音。

超！敏感肌です
42才 会社員

- スキンケアは すべて、大人のアトピー 大人のニキビなどに悩む人にも 安心の アクセーヌ
- ニキビが 出なくなりました！

はじめての……シミ取り体験

小さな頃からそばかすだらけの顔を見慣れているせいか、いつの頃からか顔に出てきたシミを、あまり気にもしていませんでした。でも、40歳を超えた頃から、日光を浴びるたびに、どんどん濃くなっていくシミがちらほらあることに気がつきました。

その正体は「老人性色素斑」。加齢と紫外線によって、皮膚の表面にメラニンという色素がたまって生じる色素沈着のことです。境界がはっきりした、茶色のシミが出るのが特徴です。

これは、私の好きな健康的なそばかすではない！ これがあるだけで、老けて見えるし、コンシーラーでもなかなか隠せない。取れるものなら取りたいと思っていたところ、同世代の友だちが、「高いホワイトニング美容液を何年も塗り続けるより、レーザーならあっという間に終わるし、いいよ！」とレーザーによるシミ取りがあることを教えてくれました。

主なシミの種類

目の下に左右対称に現れる褐色のシミ。女性ホルモンに関連して発症する。

紫外線の影響によってでき、時間が経つにつれて濃くなるシミ。

遺伝的な要素が原因で頬に点状で広がったシミ。日焼けによって色が濃くなる。

40代はシミ話で盛り上がる
シミ取りたーい
私も
私も
大丈夫かな？
気になるー
実は私、取ったことあるの
シミないでしょ
すごーい
痛い？
こわい？
どこで？
いくら？
高い美容液何年もぬるより
やっちゃえばいいのよ！

レーザー発射！
まずは美しい先生と
光レーザーとは…
カウンセリング。そして
ウルトラマンめがね装着
ずっしり重い金属製
いよいよレーザー発射!!
グリーンの光!!
イメージでは小人が輪ゴム鉄砲を打ってくるかんじ…
ちっとも痛くないし1分で終了！

いざ！ シミ取りレーザー治療開始

そこで、知り合いの美容ライターさんにお薦めされた中目黒の美容皮膚科『ウォブクリニック』に行ってきました。

まず驚いたのは、40代女性スタッフの方の肌が美しいこと！ 聖子ちゃんと同じ肌質や〜。白くてふっくらハリのある、内側から発光するような透明感のある美肌。それだけで、この美容皮膚科はすごいかも！ と思ってしまうほどの説得力のある肌でした。

さらにアスリートのように引き締まった体で白衣をなびかせて先生が登場すると、またびっくり。ドラマに出てくる女医そのものや〜。もちろん、シミなどひとつもありません。自分のちんちくりんぶりにくじけそうになりましたが、同世代の女性の先生に治療していただけるのは心強くもあります。

治療はあっという間でした。先生とのカウンセリングの後は別室に通され、ウルトラマンのような金属のアイガードをつけます。その後パチンパチンとフラッシュをたく感じで、レーザーが照射されます。イメージ的には小人がほっぺたの上に乗って輪ゴム鉄砲をあててくる感じ。がまんできない痛みではありません。

施術直後は、シミ・そばかすのもとであるメラニンが破壊され、それと同時に表皮の一部も熱でダメージをうけて若干前よりも黒く目立つようになります。ただ、上から肌色テープを貼るので、場所にもよると思いますがそれほど目立ちません。私は気にせず仕事にも外食にもでかけていましたよ。

毎日処方された消毒クリームを塗り、1週間たった頃、シールを剝がすように

医療法人社団 愛心高会
ウォブクリニック 中目黒
東京都目黒区中目黒 1-10-23
シティホームズ中目黒アネックス 2F
TEL：フリーダイヤル　0120-411-281
http://www.wove.jp/

きれいにシミも一緒に取れてしまいました。こんな風にシミが剥がれるなんて快感！

その後は毎日、夜は処方された美白クリーム、昼間は日焼け止めを塗ります。シミが剥がれたところは生まれたての白い肌が出てくるので、周りの肌となじむまで続けます。

感想としては、本当にやって良かった！　ただ、私の場合、気になる第1位のシミを取っただけなので、第2位、3位のシミたちが繰り上がり、スライドして気になるシミ第1位が新たに生まれています。

秋冬は紫外線が少なく、治療に向いていると先生がおっしゃっていたので、思い切って、あと3個は取りたい！　と考えている今日この頃です。

ニッキアフレグランスで作る 大人の清潔感

若い頃は香水などまったく興味がなかったのに、40歳を過ぎて、自分が無臭である自信がなくなってきました。加齢臭は、男性ほどではなくても女性にもあるものらしいのです。すれちがいざまに「あれ？　におう？」なんて絶対に思われたくはありません。

そこでたしなみたいのは、フレッシュだけれど高級感のある天然原料の香り。私は人工的な香料が苦手です。つけた瞬間はすごくいい香りでも、5分もすれば、その香りに酔ってしまい気持ち悪くなってしまうからです。

そんな私がこの香りにずっと包まれていたいと癒されるのは、アニック・グタール、サンタ・マリア・ノヴェッラなどニッキアフレグランスと呼ばれている種類の香水。

「ニッキアフレグランス」である条件とは、

1、天然香料を使用していること。
2、製造元が販路をむやみに拡大せず、ブランド価値を大切に守っていること。
3、販売元が製造元の意志に沿い、大切に守るべきブランド（製品）であることを認識していること。
4、大量生産、大量販売を行わず、品質管理を徹底しているブランドであること。※

ニッキアフレグランスは、クラシカルなボトルのデザインもすばらしい。部屋にあるだけで、女子心をくすぐってくれます。年を重ねれば重ねるほど、大事にしたいのは「清潔感」。清潔感があれば、多少のしわやシミさえも、素敵な年を重ねている証《あかし》のように見えてくるから不思議です。

※ http://www.2ti.jp/nicchia.html より。

優しく香る大人の香水たち

アニックグタール

『マンドラゴール』はすっきりとしたベルガモットの心地よい香り。夏にぴったりです。

ACQUA
COLONIA

サンタマリア ノヴェッラ

今使っている『フリージア』は、高級なせっけんの香りがします。大人の清潔感を演出するのにぴったり。

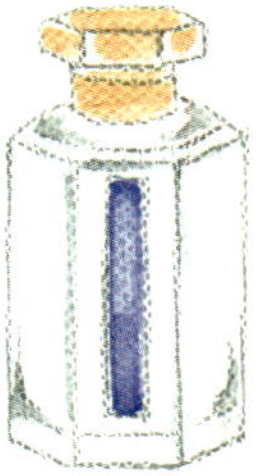

ラルチザン パフューム

ほんのり甘くて懐かしいスミレの香りがする、『ヴェルテ ヴィオレ』がお気に入りです。

ARTEMISIA

ペンハリガン

英国王室ご用達。『アルテミジア』はフルーツと花をブレンドしたフェミニンな香りで秋冬におすすめです。

夏は シトラス系
冬は フローラル系
など 季節ごとに
楽しんでます

1分リンパマッサージでハリ肌に

朝のメイクの前に、冬はオイル、夏は乳液をつけて、気持ちいいと感じる力でリンパマッサージをしています。時間がない朝は、ささっとできる「つてしマッサージ」がおすすめです。顔にひらがなの「つ」「て」「し」を書くように順番に指でマッサージしていきます。5回繰り返すだけで顔の血色が良くなり、頭はすっきり。ファンデーションののりも良くなります。

ゆっくりできるバスタイムには、リンパの流れが最終的に行き着くという「鎖骨のくぼみ」を中心に。詰まりを解消するためにていねいにマッサージをします。優しくさするだけでも代謝アップを促すことができますよ。

額、頬、目の周りはこめかみに向けて流れるように。こめかみから顔の側面を通り、耳の下を通って首の付け根へ。首の付け根から鎖骨に向けてマッサージというのがおおまかな手順です。

1〜3を5回行うだけで顔色が明るくなります。指の腹でやさしく。

バスタイムでのマッサージ

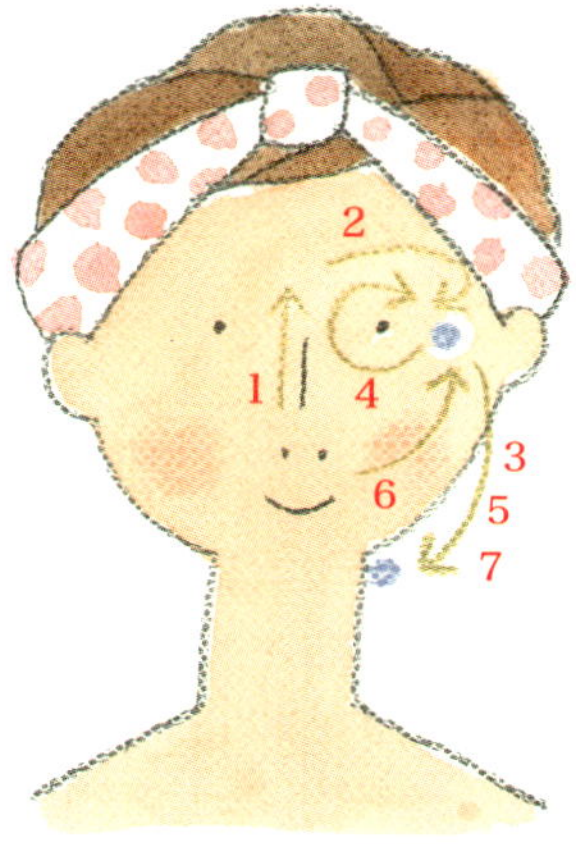

1　鼻の脇に左手をあて、眉間へ向かってさする。

2　眉の上をこめかみに向かってさする。

3　そのままこめかみから首のつけ根へ向かってさする。

4　下側の目じりから反時計回り（右目のときは時計回り）に、目の周りをさする。

5　そのままこめかみから首のつけ根へ向かってさする。

6　小鼻からこめかみに向かってさする。

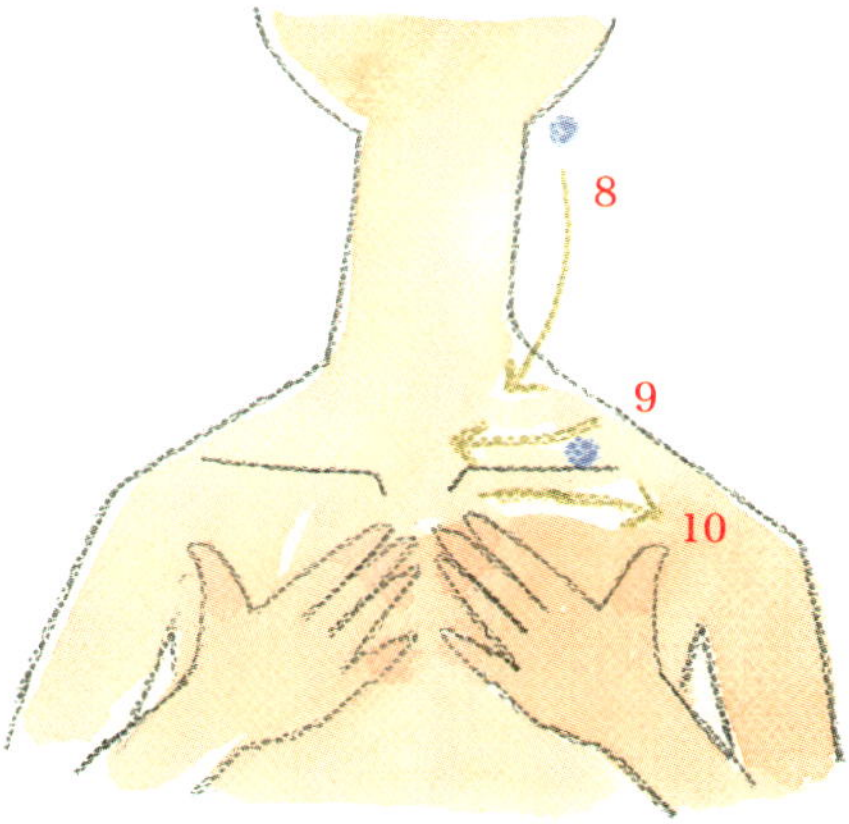

7　そのままこめかみから首のつけ根へ向かってさする。（1～7　右側も同様に）

8　右手を左耳の後ろにあて、鎖骨に向かってさする。

9　右手を左鎖骨の上に置き、肩先から鎖骨中央に向かって、鎖骨の上をさする。

10　最後に右手で左の鎖骨中央からわきの下に向かって鎖骨の下をさする。（8～10　右側も同様に）

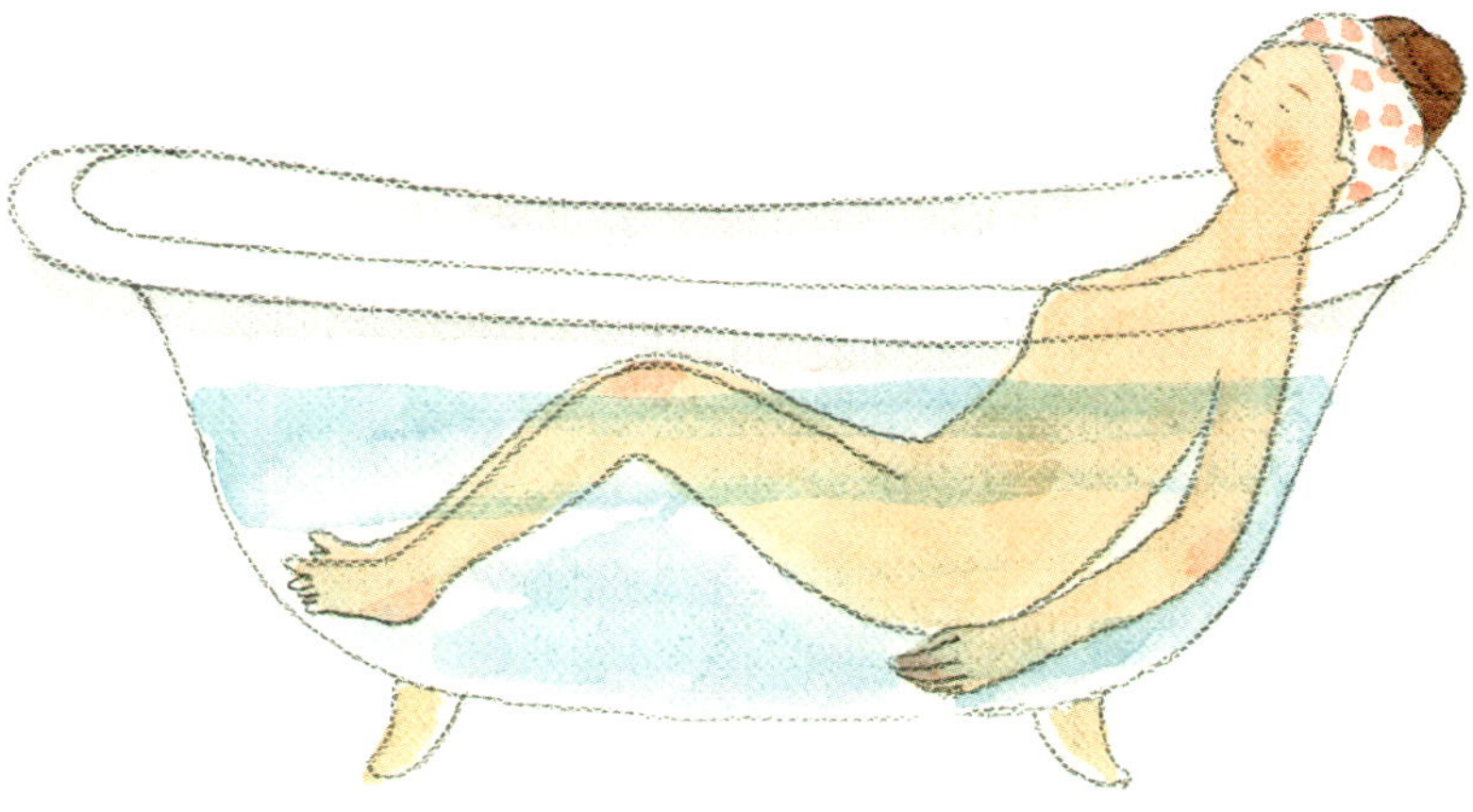

初「まつげエクステ」で分かった「自分らしさ」

普段は、ファンデーションに細いアイラインとチークをつけて10分でおしまい。そんなナチュラルメイクの私ですが、この間、初めてまつげエクステにチャレンジしてみました。

結果は……あまりに自分らしくない顔立ちにびっくりしてしまいました。たとえれば、目元だけが「夜の女」！　長くてくるんと揃った「マツエク（＝まつげエクステ）」が舞台女優のカツラのようで、とても違和感を覚えてしまいました。

きっと他人が見たら、全然気にならないレベルだと思うのですが、自分でしっくりこないのだからしょうがない。「自分らしくない」って、こんなに落ち着かないものなんだと初めて知りました。趣味のまったく合わない服を着ているような感覚です。今すぐ着替えたい！　という感じ。

マツエクの長さやつける本数で印象は変わるものだとは思いますが、あまりに落ち着かず、家に帰ってハサミですいてしまいました。マツエクをつけていても自然な顔立ちの人がうらやましい。華やかで本当にかわいいです。マツエクにチャレンジして、女子力が数倍アップしている友人もいます。

新しいことへのチャレンジがキレイを作ったり、意外な発見を見つけるきっかけになったりすると思います。とはいえ、「柔軟であること」と「流されること」は違います。もっと素敵に自分を変えたい！　という憧れは持ちつつ、そこに「自分らしさ」を欠かさないでいることが何よりも重要。そんなことが分かる、いい経験になりました。

マツエク初体験

さりげないかわいらしさ

大人の「可愛い」は指先のおしゃれから

爪がきれいな人を見ると、女子力が高くて素敵だなと憧れます。そんなとき、自分の指先に目をやると、剝がれたネイルにカサカサのささくれ……。これではいけません！

指先は常に目に入るので意外と目立つもの。また、「年齢は手に出る」とも言われます。きちんとケアして、美しい仕草が自然とできてしまうような大人の女性を目指さなければ！

いつも持ち歩いて、こまめに塗りたいハンドクリームは、香りのいいものを選ぶと、ケアのたびに癒されるのでおすすめです。私はロクシタンやイソップのものを愛用しています。また、ハンドクリームを塗るときは爪の先や、甘皮の部分までマッサージするように塗り込むといいようです。

たまにですが、ネイルサロンでジェルネイルをしてもらうことも。ぷるっとふくらんだ艶やかさはジェルネイルならでは！　でも、マメに通うのが難しいことと、ジェルを取った後に爪が傷むため、私は特別なときのおめかしネイルとして楽しんでいます。

普段はもっぱら、セルフネイル。白魚のような指先の「きれいなお姉さん系」ではなく、まん丸い爪の形に合うポップなお姉さん系を目指しています。色もマスタードやカーキ、ブルーグレーなど、少し変わった主張のある色がお気に入り。

洋服に合わせて指先までコーディネートをしていると、おしゃれ度も気分も上がりますね！

気軽なセルフネイルは色で遊んで

カラフルフレンチ
半分ネイル
マスキングテープ
てんてんネイル

赤いてんてんネイルが私の定番

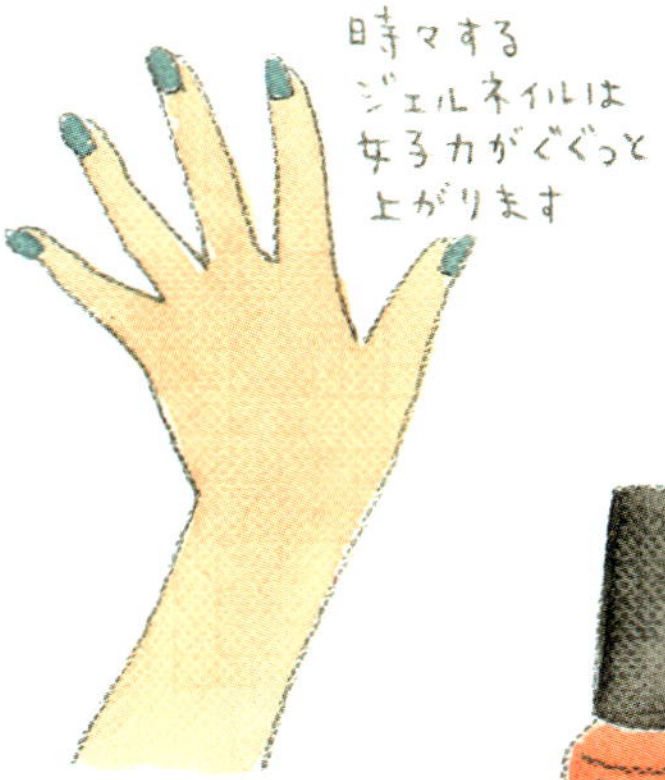
時々するジェルネイルは女子力がぐぐっと上がります

O.P.I
NAIL LACQUER
LE VERNIS
CHANEL
SMELLY
O・P・I
シャネル
スメリー
マジョリカマジョルカ

ネイルサロンでも使われており、ハゲにくい。

発色の良さ、モチともに定評あり。

ありそうでないくすんだ色味が人気。

ドラッグストアなどで買えて、発色も抜群。

着やせして見える、大人の着こなし提案

すっきり見えるジャストサイズコーデ

after
before
肩まわりがコンパクトだと着やせ効果UP!
大きめのジャケットはおばさんぽい印象に
袖をまくって手首を見せて若々しく!
足首を見せてスッキリ!

20代後半から30代の頃、ナチュラル系ファッションを好んで着ていました。麻のチュニックワンピにレギンス、ビルケンシュトックのサンダルにかごバックを持つのが定番スタイル。

全身ゆるゆるのワンマイルファッションは、おしゃれにも見えるし、そのあまりのラクさにやめられなくなっていました。

でも30代後半になり、ある日鏡を見たらいつの間にかその服装が似合わなくなっていることに気がつきました。ファッションに対して自分の顔が浮いているようで、野暮ったさを感じてしまったのです。

そこで、少しずつ「キレイめ」に

ふわピタバランスで細見えコーデ

after
before
首、手首、足首
など 体の
細い部分は
出して
きゃしゃさを
アピール！
トップスが
ふんわり
している
ときは
スリムな
ボトムスで
バランスを
とると
大人っぽい
上下とも
ゆったりした
シルエットだと
部屋着っ
ぽくなります

シフトしようと決めました。

大好きなゆるゆるスタイルも、足元だけはピタッとさせたり、体の中で比較的細い手首や足首部分は積極的に出すことですっきりと見えます。サンダルも、ヒールのある靴に替えるだけで、ぐぐっと大人っぽい印象に。

まだまだ試行錯誤の途中ではありますが、今の自分にぴったりの着こなしをしたり、ちょっとしたテクニックでほんの少し、すっきり見えたりするだけで、自然に背筋がぴん！　と伸び、気持ちまで弾んできます。

若々しく見える縦長コーデ

キレイめカジュアル
ストールで縦ラインを強調
メリハリのある色使いがポイント
コートとストールの長さを合わせてスッキリ

ハットで目線を上げて背を高く見せる
引き締めカラーのジャケットでほっそり
色落ちデニムで太ももを細く見せる
デニムはロールアップして抜け感を出す

40代を過ぎると、太りやすく痩せにくくなるのは、誰もが実感しているのではないでしょうか。しかも体型がたるんで下がってくるので、どうしてもおばさん体型に見えてしまいます。

さらに私は身長が低いので、着こなしで少しでも体を縦に細く見せ、若々しい印象になるよう心がけています。一番心がけているのは三首（首、手首、足首）を出すこと。冬でもボートネックに七分袖でがんばってます！　おなかまわりはどうしても隠したいので、出せるところは出してバランスを取っています。

そして、もう一つ大事なのは素材と色選び。安っぽい麻やコット

大人の着こなしがあか抜ける おすすめ小物

おしゃれ感がアップする差し色効果
バッグや靴なら鮮やかな色も取り入れやすい！

6cmヒールで足を細く長く女性らしく！

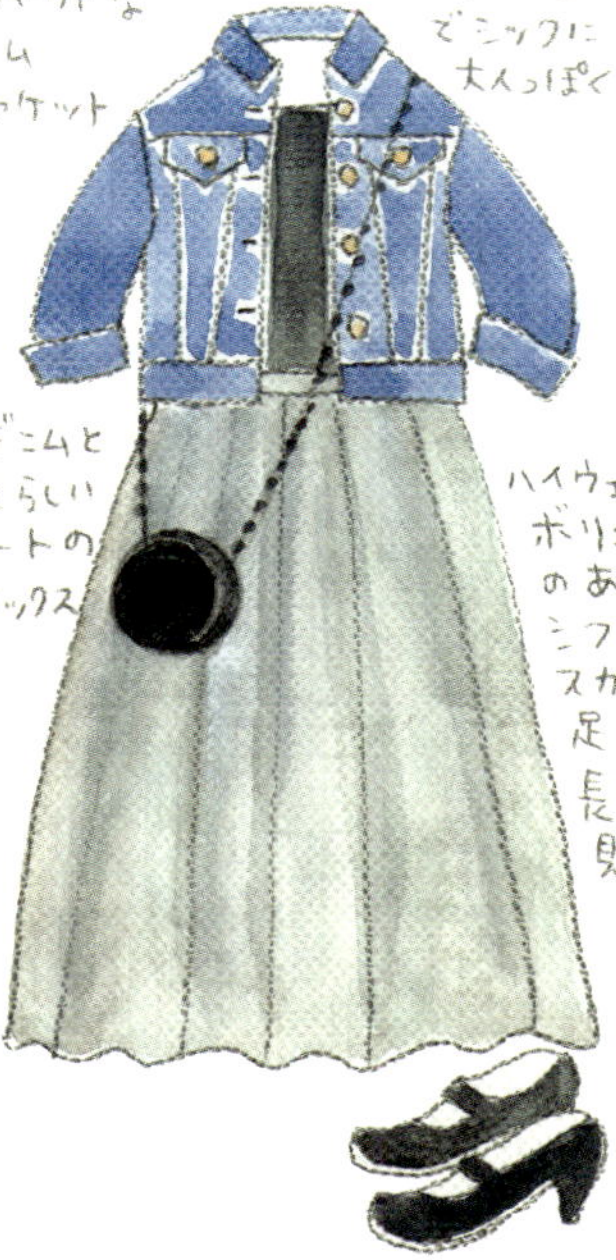
コンパクトなデニムジャケット
モノトーンでシックに大人っぽく
辛口デニムと女性らしいスカートの甘辛ミックス
ハイウェストでボリュームのあるシフォンスカートで足を長く見せる

ロングネックレスは目線を縦に集める効果が

ンではカジュアル感が出過ぎてしまうことも……。40歳を超えると肌質がマットにくすんでくるので、とろみのある素材や、きれいな色で大人っぽく着こなしたいですね。

あと、たるんだお肉をあげてくれる機能下着もおすすめです。バストやヒップの位置が1センチ上がるだけでも見た目年齢が必ず若返ります。進化したアンチエイジング下着を利用しない手はありません。また、機能下着をつけることで姿勢が良くなり、歩き方まで変わってきます。

column

うっかり出ちゃう⁉
アラフォー死語語録

当時、こんな言葉を使ってませんでしたか？
今でもたまに出てしまい、友人と苦笑してしまいます。

なるへそ!
バイビー
類義語「ばっはは一い」
ばっちぐー!
おかえりンドバーグ
そんなバナナ
オンザマユゲ似合う〜
私、きほんネクラだから。
対義語「ネアカ」
めっちゃハラタツノリ!

第三章

めぐりのいい体をつくる

40歳を過ぎた頃から、以前より体の生まれ変わりのサイクルが遅くなっていることを実感。
体からいらないものを出して、
新しい元気な細胞を生み出す手助けを紹介します。

ニールズヤード　レメディーズで学んだアロマの活用法

ハーブなどの天然の精油を使った化粧品でファンの多い『ニールズヤード　レメディーズ』。表参道にあるニールズヤードのスクールで、アロマ精油の活用法を教えてもらいました。

　年を重ねるたび、植物のみずみずしい生命力にとても惹かれ、助けられています。新芽を見たり、花の香りを嗅いだりするだけで、ぐんぐんと体に植物のパワーがみなぎって、元気になるのです。

　アロマセラピーとは、植物の花・葉・根・種子などから抽出される１００％天然のエッセンシャルオイル（精油）を利用して、心と体の健康をバランスよく保つ自然療法の一つ。リラックスしたり、明るい気持ちになったり。はたまた血行を良くする、ホルモンバランスを整えるなど、精油それぞれに違った香り、効能があり、それらを知ることはとても興味深いことだと教えていただきました。逆に言うと、それは「今の自分の状態を知る」ことにつながるからです。

　たとえば不安や心配ごとを取り除いて平常心を取り戻したいときは、私が一番好きなゼラニウムの香り。リフレッシュしたいときは柑橘《かんきつ》系の香りを持つベルガモット、眠れないときはカモミールローマン……。こんな風に、だんだんと自分なりの処方箋ができあがってくるので、香りによってうまく気持ちをコントロールしています。

　精油は植物のパワーを抽出した命の塊のようなもの。最後の1滴まで、大切に使いたい。自分自身の心と体の声に常に耳を傾け、精油を毎日の暮らしの中で活用していきたいなと思いました。

スクールで教えてもらった精油レシピ

手作りのアロマ香水

［材料］

無水エタノール……小さじ8杯
※薬局などで購入できます
精製水……小さじ2杯
※ミネラルウォーターでもＯＫ
エッセンシャルオイル（好みのものを2～3種類）……10滴

［作り方］

1　エッセンシャルオイルは自分の好みや、つけたい香りのイメージ（リフレッシュする香りにしたい、ふんわり温かい香りにしたいなど）に合わせて数種類をブレンドする。

2　1に無水エタノール、精製水を加えて混ぜ合わせ、スプレー容器に移す。

3　手首や耳のうしろにつけて香りを楽しむ。精油をミックスすると、まったくちがう印象に。世界に一つの自分だけの香りを作れるのがうれしい。

○小さじ1杯…5ml

私が作った香りは………
・ゼラニウム4滴
・ラベンダー2滴
・イランイラン2滴
この3つのフローラル系をベースに、
・フランキンセンス1滴
・クラリセージ1滴
（いずれもアンチエイジング効果あり）をブレンド。
携帯に便利で、人に不快感を与えるような強い香りではないので、いつでもどこでもシュシュッとスプレーしてリフレッシュしています。

ルームフレグランス

［材料］

無水エタノール…小さじ1
エッセンシャルオイル…1～5滴
精製水…25ml

［作り方］

材料をすべてスプレー容器に入れて混ぜ合わせ、お部屋に拡散させる。

いい香りが楽しめるだけでなく、部屋の消臭、殺菌、消毒としても使えるので、トイレ用、キッチン用、玄関用と作っておくとベスト。ベルガモットやラベンダー、ペパーミントなどがおすすめです。

ニールズヤードレメディーズ　表参道校
東京都渋谷区神宮前 5-1-8　ブルーヒルズ 3F
TEL：03-5772-2266（受付時間：10:00 ～ 18:00［日・祝休業］）
http://www.nealsyard.co.jp/school/

手作りバスミルクに

市販されているコーヒー用ミルク大さじ2杯に、好きな精油を5滴ほど混ぜればできあがり。

手作りバスソルトに

天然塩大さじ2杯に精油を5滴加え、よく混ぜお風呂に溶かします。

クローゼットの虫よけに

殺虫効果のあるティートリーをティッシュに1~2滴たらしてしのばせておくと、大切な衣類を虫から守ってくれます。

エアコンの送風口に

布にルームフレグランス（P59）をふきかけて、エアコンの送風口をふいておくと、部屋がやさしい香りでいっぱいになります。

毎日のお洗濯に

柔軟剤に精油を5滴ほどプラスすると、洋服がふんわりといい香りに。

靴の消臭に

重曹に精油を数滴たらし、ティッシュで包んでてるてるぼうずのように縛り、靴の中にひとつずつ入れておくとにおい消しに。使用後の重曹は、お掃除にも使えます。レモンやミントには消臭効果があると言われています。

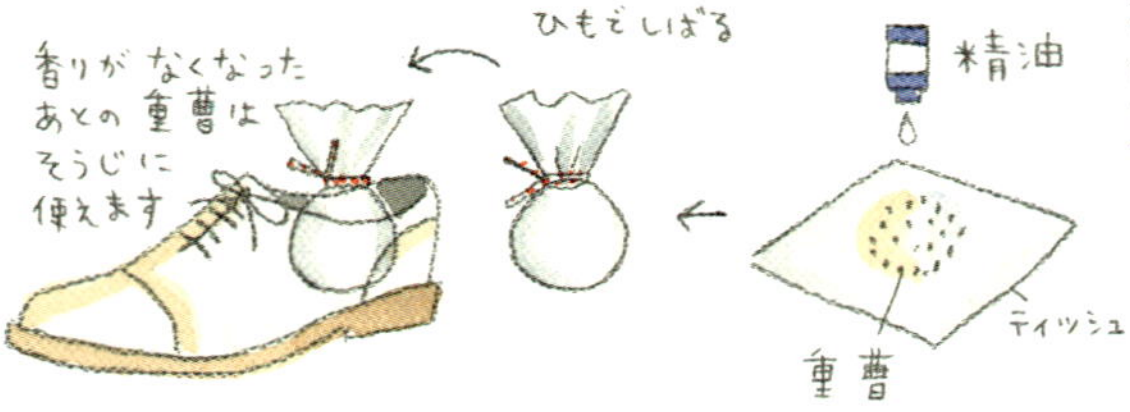

暮らしに役立つ精油レシピ

勉強、仕事に集中したいとき

・ペパーミント
・ユーカリプタス
・レモン

頭の働きを活性化する精油で芳香浴。ときどき、香りを変えると、気分もまたリフレッシュできます。

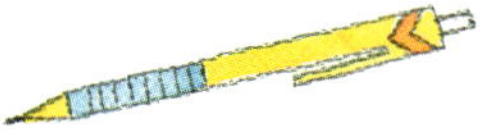

ぐっすり眠りたいとき

・カモミール
・フランキンセンス
・ラベンダー

火を使わないやさしい灯りのつくディフューザーでの芳香浴が安眠を誘います。

風邪のひきはじめに

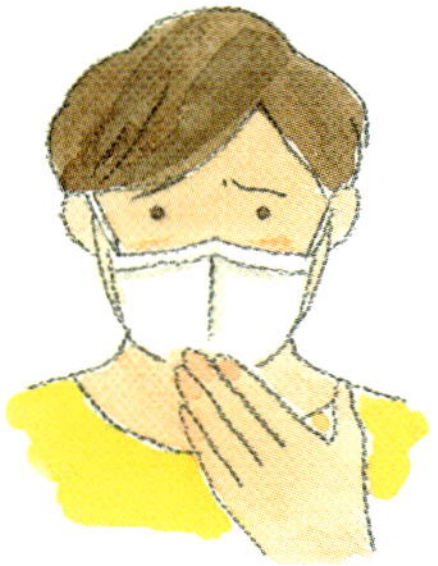

・ユーカリプタス

加湿効果もあるディフューザーで、殺菌、消毒作用が高く、呼吸器系のトラブルに効果のあるユーカリプタスを焚いておきます。空気が浄化され、風邪やインフルエンザ予防に活用できます。

花粉症の季節に

・ティートリー
・ユーカリプタス

ハンカチやティッシュ、マスクなどに1～2滴、精油をたらして香りを嗅ぎます。

冷えの予防に

・ゼラニウム
・マージョラムスィート

天然塩大さじ2に、穏やかな血行促進を高めるゼラニウム、血管を広げるマージョラムスィートを2滴ずつ混ぜて浴槽に。

リラックスしたいとき

・イランイラン
・ベルガモット
・オレンジ

精油の香りが心と体の緊張をほぐし、気分を前向きに導いてくれます。

血のめぐりを良くするストレッチ

ストレッチを続けるには、習慣としてできる時間と場所を毎日の中に見つけることが大切です。私の場合、仕事中の伸びのついでにする肩甲骨ストレッチと、寝る前にふとんの上でごろんと寝っ転がりながらできるストレッチ。

運動嫌いな私にできる精いっぱいの小さな毎日の積み重ねです。

しっかり運動をしている人からみれば、そんな寝返り程度でストレッチとは言えません！とツッコミを入れられそうですが、たったこれだけでも、血のめぐりが良くなって、体がすっきり軽くなるんです。

これから加齢とともに腰痛など体の不調が現れたら、必要に応じて自分に合う運動を探していこうと思います。その人、その人のペースでゆっくりゆっくり。短時間でも毎日続けるのがポイントですね！

肩甲骨を開いてめぐりを良くするストレッチ

1
両手を上げ、左手で右手の肘を持ち、左方向へグッと押す。反対も同様に。

2
体の前で右手首を左手で持ち、左側へ引っ張る。反対も同様に。

3
左手を頭頂部の右側へ置き、左へゆっくりと押す。反対も同様に。

寝る前にゆるゆるリラックスストレッチ

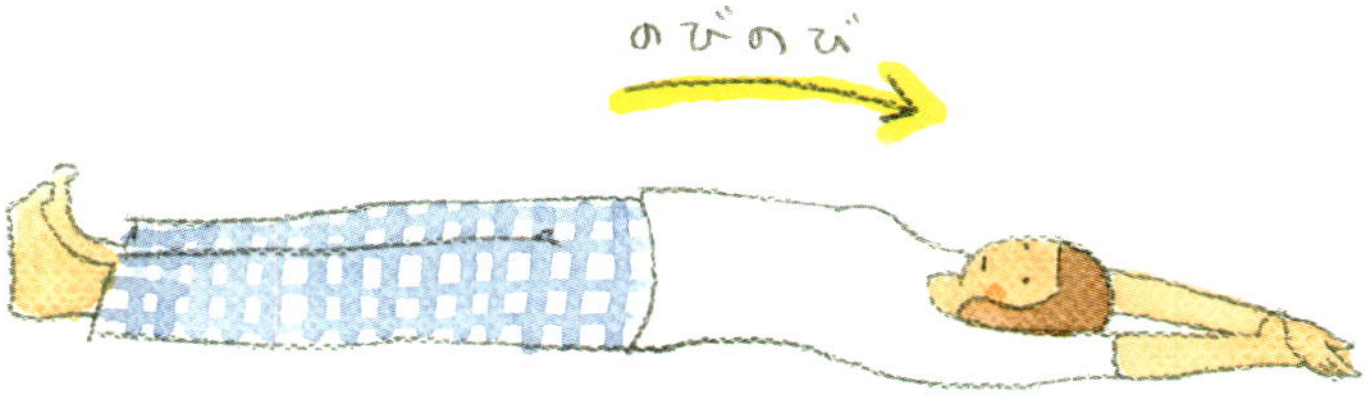
のびのび

仰向けになり、左手で右手首をつかみ引っ張る。
同時に足も思い切り伸ばす。体全体の血行が良くなり、肩こりも楽になります。

ひざを 曲げたまま
ゆっくり 大きく
ひざ頭で 円を 描く
(右足,左足 5回ずつ)

仰向けのまま、両手を頭の後ろへ。右足を上げ、ひざ頭でゆっくり大きく
円を描く。お尻〜太ももの裏側に効きます。反対側も同様に。

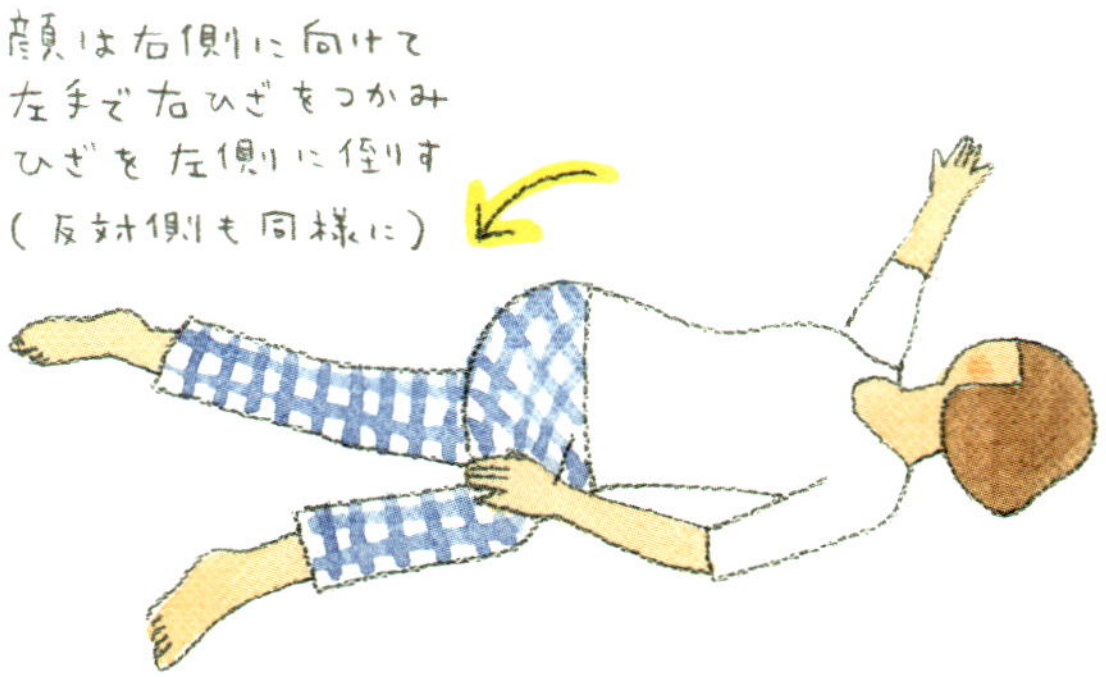
顔は右側に向けて
左手で右ひざをつかみ
ひざを左側に倒す
(反対側も同様に)

左手で右ひざをつかみ、ひざを左側に倒す。反対側も同様に。
ウエストと背中の辺りがギュッと伸びて気持ちがいい。

泣ける映画でデトックス

涙には、体にとって余計なものを排出し、体の働きを正常に整えるホルモンを出す働きがあるそうです。

確かに泣いた後、「もういいや！」といい意味で開き直ることができたり、クヨクヨしていた自分が馬鹿らしくなったり、妙にすがすがしいすっきりした気持ちになるものです。

なんだか心にもやもやが溜まってきたな〜と思ったら、泣ける映画で涙と一緒にもやもやを排出させるのも一つのストレス解消法かもしれませんね。個人的に「これなら泣ける」というおすすめの映画を左ページで紹介しています。

ちなみに私の父親は涙腺が非常に弱く、どんなドラマ（水戸黄門でも）やニュースを見ても「ティッシュ持ってきて！」といつも涙しているのですが、あそこまでたびたび泣いていても、効果はあるのでしょうか……。

おすすめ泣ける映画

ニュー・シネマ・パラダイス

言わずと知れた名作ですが、何度見てもラストシーンでは涙があふれます。

八日目の蝉

許されない過去と現在が交差する、とても悲しいけれどはかない母娘の物語。

ワンダフルライフ

自分にとって、天国に持って行ける記憶って何だろう？　と考えさせられます。

I am Sam アイ・アム・サム

年齢を重ねるほど、子どもの純真さ、健気さに泣けてしまいます。

リトル・ダンサー

温かい涙が流れます。見終えた後のなんともいえない幸福感がたまらない。

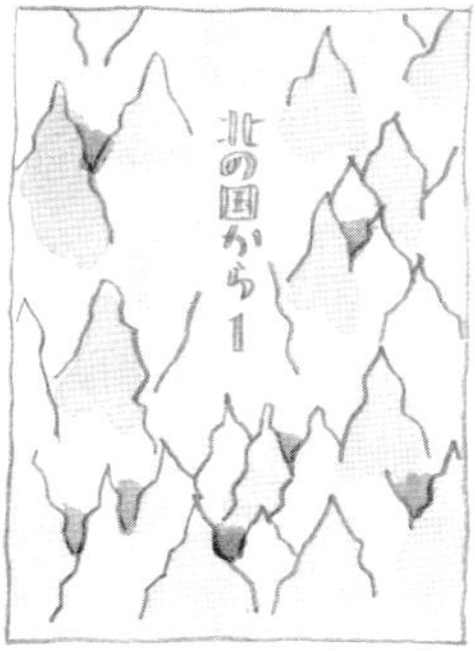

北の国から

長い休みがあったら順番に全シリーズを見て泣きまくろう！　と思います。

お風呂で思い切りデトックス

私の半身浴アイテム

HERBAL BATHS
MARKS & WEB

マークスアンドウェブ
バスソルト
オーガニック成分
なので安心です

WELEDA
WELEDA

ヴェレダ　バスミルク
上品な香りにリラックス
できてお肌もしっとり

ペリエ750ml
おふろの中で
1本飲み切ります

欠かせないのが防水
タブレット！
ゲームにネットに読書に
買い物まで何でも
できちゃいます

タオル
ペリエ
バスソルト
ゲームに熱中

バスタイム後のボディケア

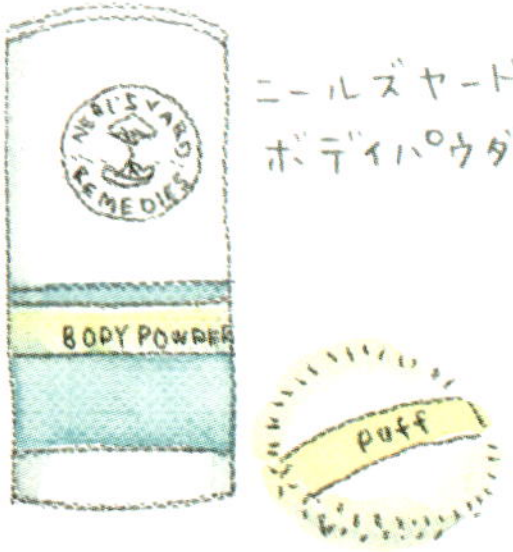

ニールズヤード
ボディパウダー

夏など べたつきやすい季節
眠る前につけておくと
いい香りに包まれながら
サラサラ快眠

冬は ぬくぬく靴下
で 冷え予防!
むくみ解消
にも つながります

イソップ
ボディトリートメント
オイル

冬の乾燥した肌に。
私は髪にも使ってます。
マッサージオイルとしても。

40代女子のお悩み、かかとの
ガサガサ。台湾のかかとの
角質除去は感動
したなー! また
やりたいです。

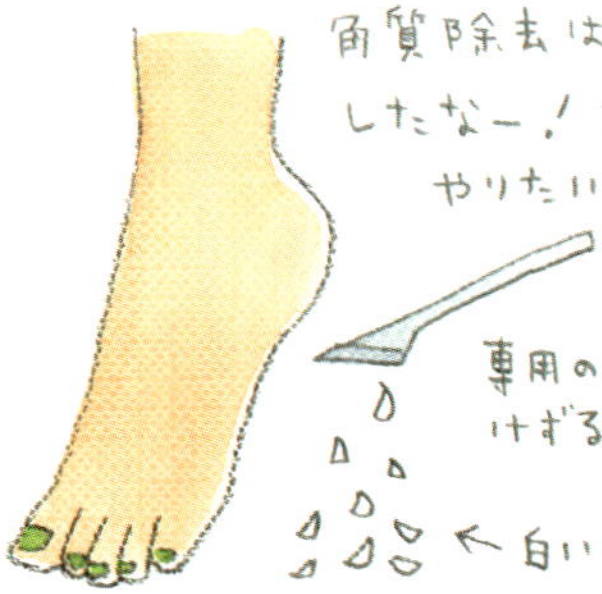

専用の刀で
けずる けずる

← 白い皮の山

ぬるめのお湯にゆっくりつかれば ストレスも解消

防水タブレットがあると、ゲームにネットに読書までできるので、半身浴が毎日の習慣になりました。うれしいのは、毛穴のひとつひとつから汗が噴き出てくるのが見えるところ。体内の水分が循環しているという感じが気持ちいいのです。

私は普段、一日中座りっぱなしで仕事をしている生活。しかも運動嫌いで階段を使うこともせず、一日の運動量は夕食のスーパーの買い出しに出かけることのみ。なまけっぱなしでふさがりつつあった汗腺のひとつひとつが、「開通したよ！」と喜んでいる声が聞こえてきそうです。

私は大好きなペリエをこまめに飲みながら、37～38℃のお湯に好きな香りの入浴剤を入れて、1時間ほど入っています。最初はぬるいかな？と思いながら入っていると、20分もたつと腕や二の腕に無数の汗の玉が噴き出てきます。水分補給をすると、より汗が出やすいようです。

半身浴の注意点

気持ちいいけれど、やり方を間違えると肌トラブルの原因にもなる半身浴。私は次の3つのルールを守っています。

1．こまめに水分を補給する……たくさん汗をかくので、その分水分をしっかり摂ります。

2．食後30分の半身浴は避ける……食後は消化器官が活発に働いているので、すぐに半身浴をすると体に負担がかかってしまうそうです。

3．手を冷やして立ちくらみを防ぐ（腕を湯船につけない）……心臓に負担をかけないよう、みぞおちから上は必ずお湯から出すようにしています。

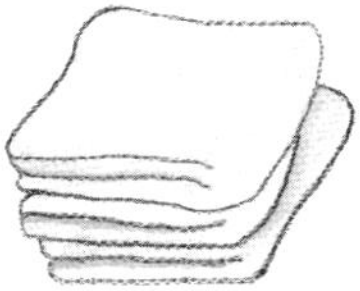
バスタオルは
1年に1度
買い替えます

半身浴の効果としては、体内の有毒物質が汗とともに排出される、毛穴に詰まった汚れが落ちる、代謝が上がる、疲労回復などと言われています。私にとっては、気持ちいいと感じ、毎晩のお風呂が楽しみで、その後ゆっくり眠れることが一番の効果のような気がしています。

お風呂上がりは、濡れた体全体に、ボディトリートメントオイルを薄く塗っておくと、乾いた後もしっとりしておすすめです。入浴後は乾燥しやすいので、3～5分以内にはケアをするのがポイント。私は濡れた髪にもオイルを数滴手のひらに広げて、もみ込みます。そのままだとぱさぱさになってしまうのですが、ほんの少しつけておくだけで翌日のまとまりが全然ちがいます。

せっかくあったまった体は、すぐに靴下やレッグウォーマーをはき、冷え対策。特に冬は足元だけでなく、肩、首回りを温めるようにしています。

お風呂上がりのオイル

乾いた体には、数滴のオイルが効果ばつぐん。体や髪、顔など全身にオーガニックのオイルを塗っています。

40代、本気で5キロのダイエット！
やるべき10のこと

1. 毎朝、体重を量る

とにかく自分の現状を
知ることが大切です。

キャベツの千切り
レンジでチンしたとうふ

2. 白米をキャベツかとうふに替える

腹持ちがいいのにカロリー大幅カット。
ゆる糖質オフを実践。

防水タブレット

3. 毎日、半身浴で汗をかく

体のめぐりを良くして代謝アップ。
お肌もキレイになります。

DIET
DIARY

4. ダイエット日記をつける

レコーディングダイエットとも言いますが、
モチベーションアップに。

5. おやつは アーモンド

ビタミンEと食物繊維たっぷりで
美容にも◎。

6. ひとくち 30噛み
腹八分目を心がける

良く噛むと少量でも満腹感が。
消化にも良いそう。

7. 夜8時以降は 食べない!

夜に食べると消化器官に負担をかけ、
太りやすくなります。

8. 大好きなビールは週末だけ!

ストレスを溜めないように、
週末だけはしっかり晩酌。

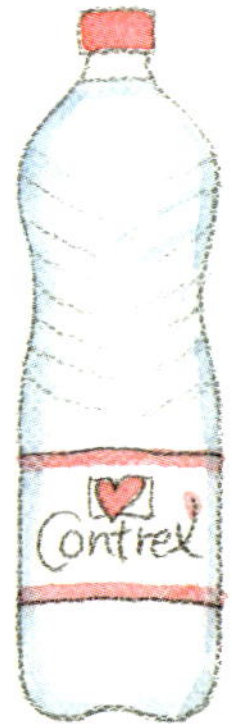

9. お水をたくさん 飲む

体の老廃物をしっかり排出するよう、
お水をたっぷりと。

10. 目標体重達成できた時の
自分へのプレゼントを決める

「ごほうび」を決めておくと、
ダイエットも苦ではなくなります。

ダイエットノートは
マイナス5キロの強い味方

ダイエットをがんばれるのは3カ月が限度の私。「よし、ダイエットをはじめるぞ!」と決めると、まずはダイエットアイテムを大量購入して自分を追い込んでいきます。ペリエやコントレックスをケース買い、青汁、ざくろ酢、かんてんなど。目の前にダイエットアイテムがあると、自覚と集中力が持続するんです。

その次は、ダイエットノートを準備。最初のページに1カ月間、守るべき十カ条を書きます。次のページからは毎日の体重を書くグラフをかきます。ダイエットノートに毎日書くのは、体重と排便の有無。1週間に一度書くのは、二の腕、バスト、アンダーバスト、ウェスト、ヒップ回りのサイズ。毎日、ダイエットノートを書くことで、次の日もあきらめずに、もっとがんばろうと続けられるんです。

これが最後のダイエットチャンスだと、毎回自

青汁、ざくろ酢、かんてん

青汁は豆乳、きなこと一緒に飲んで朝食代わりに。ざくろ酢はミルクに混ぜて、空腹時におやつ代わりとして飲みます。かんてんはランチの置きかえ用です。

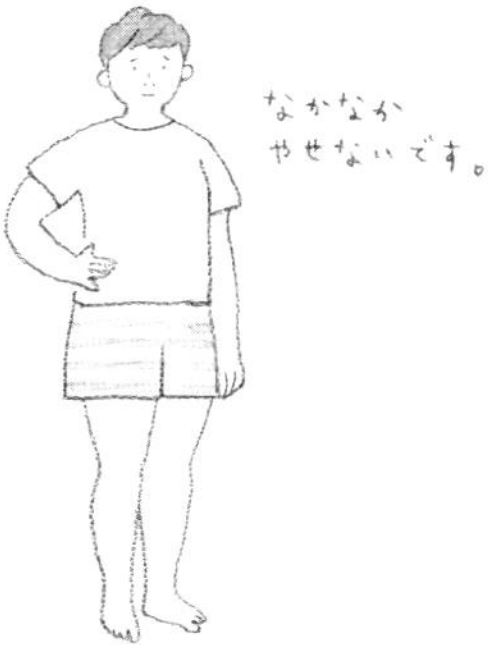

分に言い聞かせてがんばるのですが、体重がなかなか減らない「停滞期」が来るたびに、挫折してしまう私。５００グラムが2週間かけても減らないと、もういいやと焼肉&ビールを飲んでしまう意志の弱さ……ダイエットってむずかしい。

身長が同じくらいの方のダイエットブログもよくチェックしてしまいます。１５３㎝で50キロが目標体重の人もいれば、45キロでもっとやせなきゃ！　とかいう人もいておもしろい（私は45キロなんて中学生の成長過程でしかなったことありません）。

それだけでは物足りず、しまいには、１５３㎝の芸能人の体重まで調べ出し、自分の理想体重を妄想したり……。結局、そんな体重になったことはないのですが、おなかまわりの取れない浮き輪（ぜい肉）で、苦しくなるたび、ダイエットノートの準備をしてしまいます。

ダイエットの停滞期

停滞期が来たと言うことは、ダイエット効果が現れている証。ダイエット成功中に体が1回は陥る生命維持の状態だそう。信じて続けると必ずまたサイズダウンの日は来ます！

女子力アップ！のために 40歳からやるべきこと

1. スカートをはく

スカートを持ってない
という人も多いのでは。
再チャレンジ！

2. おなかのかくれる服は着ない

気がつけばこの格好ばかり。
脱・おばさんスタイル！

3. マメに美容室に行く

プロのテクニック&アドバイスは、
人に見られていることを
意識させてくれます。

4. 髪は絶対に
かわかしてから寝る

「めんどくさい」では
許されない40代の髪質。

5. メイクをていねいに落とす

基本中の基本ですから、
これだけはがんばろうと思います。

6. ヒールのある靴をはく

姿勢も良くなり歩き方、仕草まで
女らしくなります。

7. 野菜・果物をたくさん食べる

たっぷり酵素を
体が欲しています。

8. よく寝る

質の良い睡眠こそが
美肌の源！

20代のころ、当たり前にやっていた
ことを、基本に戻ってまじめにやる！

そろそろちゃんと知っておきたい、婦人病のこと

私は、31歳のとき子宮筋腫の手術を受けました。立っていられないくらいの生理痛や大量の出血が何度もあり、病院へ行ったところ大きな子宮筋腫が2つ見つかりました。この筋腫が二人目不妊の原因にもなっているということで、すぐ手術を決めました。

周りでも子宮内膜症、卵巣腫瘍などで手術を受けた友人は結構います。30代はまめに行っていた病院も、40代になってすっかり足が遠のいています。これからは意識して2年に一度は検診に行かなければと思っています。

体の不調を気のせいにしたり、もしかしたら自然に治るかも？　なんて都合よく考えたりして、病院を後回しにしていると、いつも頭のどこかに「不安」の文字。勇気を出して検診に行くと、同じ不安を抱えていてもびっくりするくらい「前向き」な気持ちに変わります。体と心はつながっ

子宮筋腫

［症状］

・月経過多
・貧血
・動悸、息切れ、めまい
・便秘や頻尿

30〜50代の5人に1人は筋腫を持っていると言われます。子宮筋腫は子宮にできる良性の腫瘍で、硬いコブのようなもの。小さなものなら経過観察で問題ありませんが、大きくなると治療が必要です。治療法には手術療法と薬物療法があり、症状の程度、年齢などによってどちらかを選びます。

体を温めることを
心がけています。

ているんですね。

さらに、これからやってくる更年期。友人のお姉さんやお母さんはイライラしたり、めまいがして立てなくなったりして、つらい思いをしていたそう。実は、私も出産前後の2日間は、ちょっとしたことでもすぐ傷つき人のせいにして、自分だけがつらく苦しいとばかり思っていたことがありました。これは、いわゆるマタニティブルーですが、この原因は胎盤からの女性ホルモンのエストロゲンが急激に減少するなど生理的要因が強くかかわっているそうです。

更年期障害も女性ホルモンの減少による要因が大きいそう。なるべく気持ちをおおらかに持って、妊娠時のようにならないようにしたいなあと思っていますが……こればっかりは、そのときになってみないと分からないですね。

更年期障害

［症状］
・のぼせ、ほてり
・発汗（ホットフラッシュ）
・精神的な疲労感
・イライラや憂鬱

更年期とは、閉経前後5年くらいのこと。年齢的に女性が色々な問題を抱える時期と重なるため、ストレスの多い人は、症状が出やすいと言われています。

大人の不眠を解決する太陽の光

眠れないときは
無理に寝ようとせず
本を読んだり
ストレッチをしたりして
リラックス

テレビやパソコン、
スマホの画面を見続
けるのは 逆効果…

私は
ラベンダー
+
マンダリン

お気に入りの香りの
アロマを焚いてリラックス

たとえ 3時間しか
眠れなくても
朝7時には起きて
太陽の光を
浴びましょう
太陽の光が
体内時計を 正常に
戻してくれます

私の枕は
昔ながらの
そば枕

おそば屋さんで
もらった
そば殻で
作ったオリジナル

このポジティブな
1日の終え方が
大事なんだそう

今日も
がんばった!
明日も
がんばろう

と バタンキューと
眠りに つくことが
理想です

太陽を味方にして気持ちいい朝を迎えよう

もともと不眠がちだったのですが、30代以降、どんどん寝つきが悪くなっていくのが悩みでした。眠れない夜は、もんもんと尽きない悩みが朝までグルグルグルグル。一日中座って絵ばかり描いている生活や、毎日の楽しみである夜の晩酌も、眠りを浅くしていたのかもしれません。

あの頃は、夫の不安定な仕事っぷりも私の大きな悩みの種だったのに、なんの悩みもなさそうにぐーぐー寝てるのに腹が立って、よけいに眠れなくなることもしばしば……。

それを解消するために、眠れない夜のまま朝がきても、必ず7時にはベッドから出て普段の暮らしをするようにしていました。朝の太陽の光で体内時計をリセットするのです。そしてどんなに眠くても夜まで絶対に寝ないこと。

さらに、不眠に効果があったのは、寝室にテレビを置かないことです。そして寝室でスマホや

体内時計を調節する「睡眠ホルモン」メラトニン

メラトニンは眠りを誘う「睡眠ホルモン」の一種です。メラトニンは太陽光を浴びると減り、夜暗くなってくると分泌量が増えていきます。メラトニンはいったん減らないと夜になっても増えないため、朝起きてすぐに太陽の光を浴び、メラトニンを減らすのが良いそうです。

ふだんは
恥ずかしながら
本を読むと
眠たくなります。

タブレットを見ないこと。ちなみに、脳科学の研究でも、テレビや携帯電話から出る電磁波が睡眠を妨害することが知られているそうです。

私はこれだけで寝つきが良くなり、朝までぐっすり眠れるようになりました。そういえば、赤ちゃんを寝かしつけるときも、テレビのついている明るい部屋で寝かしつけてもなかなか寝てくれなかったけれど、寝るしかない真っ暗な部屋だとすぐに寝ついてくれたものです。

でも、一番はもんもんと悩まなくなったことが大きいのかもしれません。悩みがなくなることはないけれど、「自分一人が大変だ」と思わないように、「きっとなんとかなる」とお気楽な気持ちでいるようにしています。

メラトニンの材料になる「幸せホルモン」セロトニン

セロトニンは、メラトニンの材料になる物質。セロトニンは日中に作られ、とくに太陽の光を浴びることにより、セロトニンの分泌は促進されます。さらに、セロトニンはイライラを抑えて脳に幸福感を与えてくれる「幸せホルモン」とも言われています。セロトニンを増やすためには、太陽光を浴びる、適度な運動をする、バランスのよい食事をよく噛んで食べるなど、規則正しい生活が大切だとか（これがなかなか難しいのですが……）。

40歳からのデンタルケア

正しい
年に2、3回は 歯周病、ムシ歯予防
のため 定期クリーニングに！
行かなきゃ…）
ハミガキの
方法も
教えてくれます

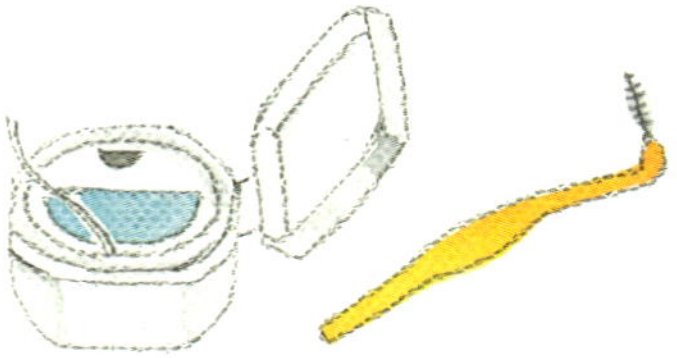
40代になって 大事にしようと
思うようになったのが
歯間ケア。
30歳以上の80%が
歯周病にかかっているそう

美容室よりも歯科医院のほうが多いんじゃないかと思うくらい、街を歩けば、あちこちにたくさん歯医者があります。当たりハズレが大きいけれど「外れちゃった」では、取り戻せない大事な歯のこと。

子どもの頃に、歯医者嫌いになっていなければ……などと今になって悔やんでも仕方のないことですが、今ある歯をあと30年はもたせなければならない、という深刻な問題があるので、歯医者さん選びは慎重にしたいもの。

最近行った予防歯科では、顕微鏡を使った歯周内科治療をしてくれました。

歯間ケアやフッ素ジェルで歯を強く

昔、治療したムシ歯が
再び悪くなることが
40代に多いそう！
Melvita
メルヴィータの
オーガニック歯磨き粉
シュミテクト
知覚過敏を予防する
シュミテクト ハミガキ
DENT
CheckUp
STANDARD
チェック・アップ
スタンダード
（ライオン）
ConCool
コンクール
ジェルコート
少しでも楽しくていねいに
ケアができるようテンションの上がる
デンタルグッズ集めてます

うにょうにょうごめく気持ちの悪い歯周病菌の様子を見せてもらい、細菌の除去薬を飲みながら、菌を殺す歯磨き剤で歯を磨くというもの。

フロスの使い方や正しい歯磨きの講習も受けました。

2週間後、歯周病菌がほとんどいなくなったと言われたのがうれしかったです（菌はまた増えることもあるらしいですが）。

それ以降、歯間ブラシやフッ素ジェルなど、歯磨きが楽しくなるような最新グッズを揃えて、1日3回しっかり歯磨きをするようにしています。

column

40代になって変わってきた 買いもののしかた

余分なモノを増やさないよう、
こんなことを心がけています。

家具などは、いいもの、
一生使えるものを
選びたい

体型が変わりやすい
年齢になったので
高い服は買わなくなった

モノを増やしたくないから
必要なものしか
買わなくなった

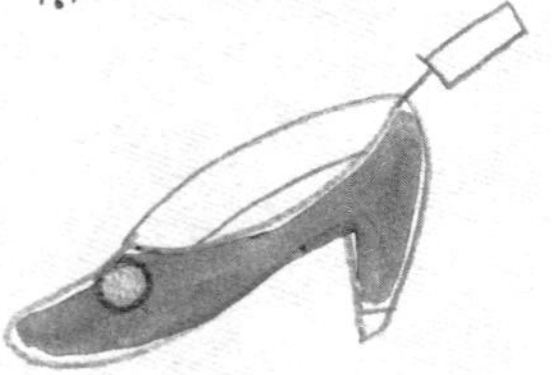

衝動買いをしなくなった
（欲しい！と思っても
1週間考える）

セールに行かなくなった
（結局、タンスの
肥やしを増やすだけ）

スペースを確保してから
買う

第四章

40歳からのお家メンテ

ほうっておくと、どんどんモノが増えて
手狭になっていく家。
毎日をイキイキ過ごすために、
家のメンテナンス始めてみませんか。

たまったモノを捨ててスッキリした家に

3ヶ月から半年に一度
引き出しをひっくり返して
空っぽにする

必要なものだけ、戻すと引き出しの中は
スッキリ！　残ったいらないものは処分します

いらないものを捨てると
新しいスペースが
できるのがうれしい！

「わくわくのスペース」
が生まれます

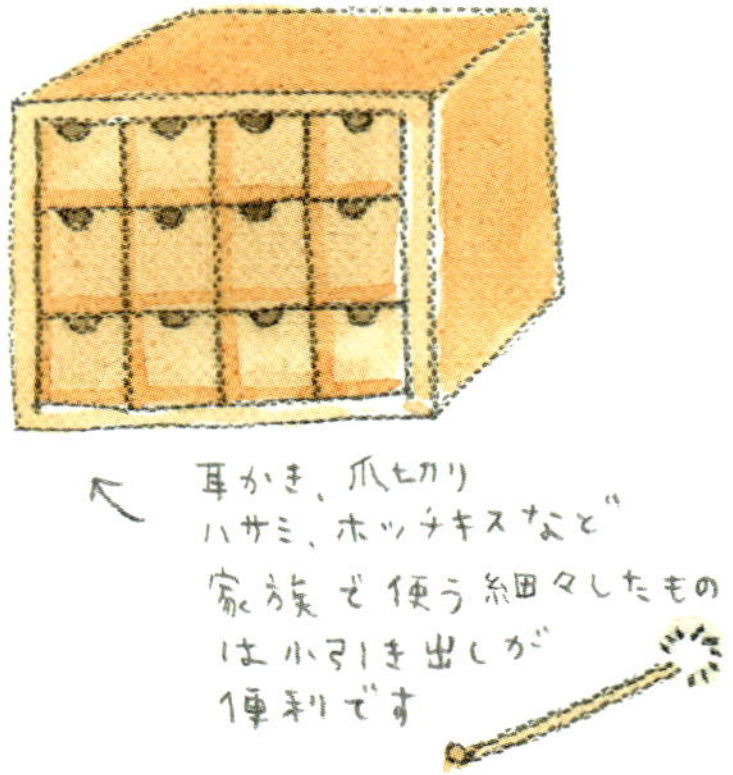

耳かき、爪切り
ハサミ、ホッチキスなど
家族で使う細々したもの
は小引き出しが
便利です

いらないものが
なくなると、物の居場所が
決まるので部屋も
散らからなくなります

40歳から始める
プチ断捨離

こまめに引き出しの中のいらないモノをチェックすることを、心がけています。お菓子、化粧品、台所道具、洋服、文房具、とにかく家じゅうの引き出しです。

時期を決めているわけではないですが、大体3カ月〜6カ月に一度。「そろそろゴチャゴチャしてきたな」と思ったら引き出しごと床にひっくり返して、いるモノだけを戻していきます。

いるモノだけが入っている引き出しは、探しているモノがすぐに見つかるし、見た目もスッキリします。

とは言え、時間がたつとあれもこれもと新たに色々なモノが入ってきて、本当にいるモノが見つからなくなるのもこれまた仕方のないことなのですが……。

私が子どもたちにいつも言っていること。そ

いるモノといらないモノの見分け方

結局のところ、いるモノ＝毎日使うモノ。1年間、まったく触らなかったモノは、いらないモノとして処分します。また、同じモノを何個も持たないようにしています。爪切りが3個、ハサミが6本……なんてなると、引き出しの中はごちゃごちゃ。大切な一つに絞って後は処分します。

家事の中では
片付けが
一番好きです。

れは「片付けることは、いるモノといらないモノを分けること。モノの居場所を決めること」ということ。

私の家族は落ちているモノを片っ端から棚や引き出しに突っ込んで、「床に何もなくなったから、片付いた」と思っています。それでは、モノの居場所が分からず、欲しいモノがすぐに見つかりません。

私も子どもの頃は片付けが苦手だったので、半分あきらめてついつい子どもの引き出しもひっくり返していらないモノを捨ててしまっています。

いらないモノにまぎれて、必要なモノがなくなってしまうのは、とてもストレスフルなこと。本当に必要なモノは少なくていいのです。

モノの居場所を決めるコツ

当然ですが、毎日使うモノは開け閉めしやすい場所に収納します。手の届かないところに、使う頻度の少ないモノを。毎日使う場所は使いやすいので、ついついなんでも入れてしまいがち。1カ月に一度は、使う頻度の少ないモノがまぎれ込んでいないかチェックします。よく使うところほど、シンプルにすっきり収納したいですね。

植物いっぱいのリビングで元気をもらう

トックリランは
結婚記念樹。
もう15年一緒に
暮らしています。

トックリラン、オリーブは
日当たりさえ良ければ
1週間に1度の水やりでOK!

オリーブの木は
息子の1才の
誕生日プレゼント。
12月になると クリスマスツリーにも
変身します……。

花瓶の花や植物にも
元気をもらいます。
水が減っていくことに感動するんです。
生きてるんだなーと。

葉が太陽に
向かって伸びていく姿に
自分もがんばろう！と
励まされます。

植物を選ぶポイントは
「分厚い葉」のもの。
少々ほうっておいても元気！

疲れたときは、植物の「生きる力」を味方につける

枯れたと思っていた枝に新芽を見つけたり、いっせいに花が咲いたり……。毎朝ベランダの植木鉢に水をあげながら、植物たちに元気をもらっています。ちょっと元気のないときでも、グリーンたちがぐぐっと太陽に向かって上へ上へ伸びようとする健気な姿を見ると、私もがんばろうと思えるのです。

40歳を超えると、日焼けの跡がいつまでも取れなかったり、シミがどんどん増えてきたりと、自分の体がどんどん新しい細胞を生むことができなくなっていることをひしひしと感じます。そんなとき、身近な植物たちが、いつまでも新しくみずみずしい命を生み出す力を持っていることに感動するのです。散歩の途中や旅先で、その土地を守ってくれているような大きな木を見ると、植物のとてつもないパワーに少しでもあやかりたいと、太い幹に手を当ててしまいます。

風変わりな植物はネットショップで購入

変わった植物が好きなので、ネットショップで買うことも多いです。たとえば『金魚椿』。葉っぱが金魚の形で可愛らしく、夏には箸置き代わりにも。なかなか手に入らなかったのが『こぶみかんの木』。アジア料理に欠かせない爽やかな香りの葉が特徴。この葉を使って、ラオスで食べた美味しいラープという料理を作ろうと計画中です。

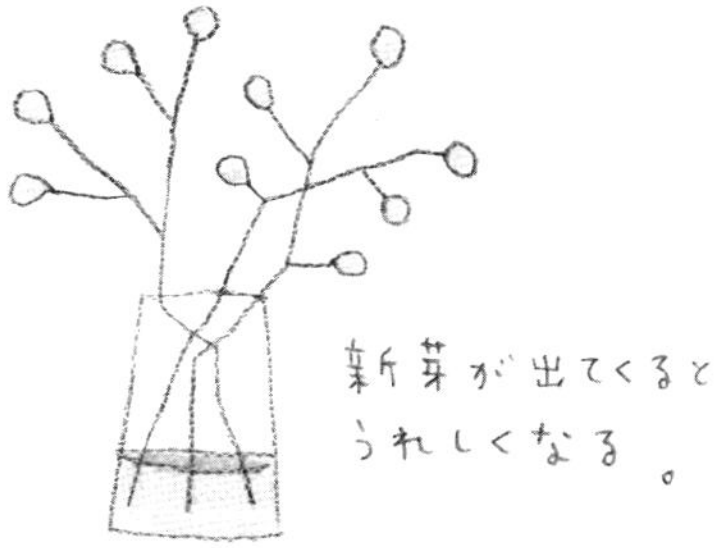
新芽が出てくると
うれしくなる。

そう思うと、リビングに置いてある鉢も、部屋の中で一番日光が当たる場所へ、季節ごとにまめに移動させたり、葉についたホコリをふいてあげたりと、愛しさも倍増です。部屋の中にピュアなグリーンがあると、空気が浄化されるようですがすがしい気持ちになるので、インテリアとしてもなくてはならない存在です。

それでも私はズボラなので、少しくらいほうっておいてもへこたれない、強い植物が好きです。わが家のリビングにいるのは、結婚記念日に母から贈ってもらった全長１５０cmのトックリランと、息子の1歳の誕生日に弟夫婦から贈ってもらったオリーブの木9歳。

どちらも1週間くらい水やりを忘れたってへっちゃら。長年わが家に寄り添ってくれている、家族のような存在です。

観葉植物を枯れさせないコツ

・枯れる原因になるので、エアコンが直接当たるところに置かない。
・根腐れの原因になるので、受け皿に水を常にためない。
・根っこまでしっかりと水が届くように、１回の水量はたっぷりあげる。
・寒さに弱いので、冬に観葉植物を外に出さない。

たまには「手抜きごはん」でゆるゆる家事

作りおきミートソース活用術

「デキる主婦」の友達に教えてもらった、冷凍ミートソース。週末に作り置きしておくだけで、簡単ごちそうディナーに変身。作り方もごく簡単。合いびき肉・トマト缶・みじん切りの玉ねぎ・にんにく・ローリエを炒めて煮込むだけです。粗熱が取れたら小分けにして冷凍庫へ。

10分で
ごはん
作るもーん

ミートコロッケ
ゆでたジャガイモ
とまぜて衣をつけて
揚げる
ごはんに
ミートソースと
チーズをのせて
ミートソース
ミートソースとごはん
を炒めて
ミートドリア
オムライス
シンプルに
パスタにのせて
ミートソース スパゲッティ

作る時間がないので
仕事帰りにデパ地下で
「おにわ弁当」を買って
帰ったら 息子に、

ママ、新幹線に乗って大阪行くみたいだね〜
いつも車内で食べてたのを思い出したらしい

と言われました。

わが家の冷凍ストック常備品

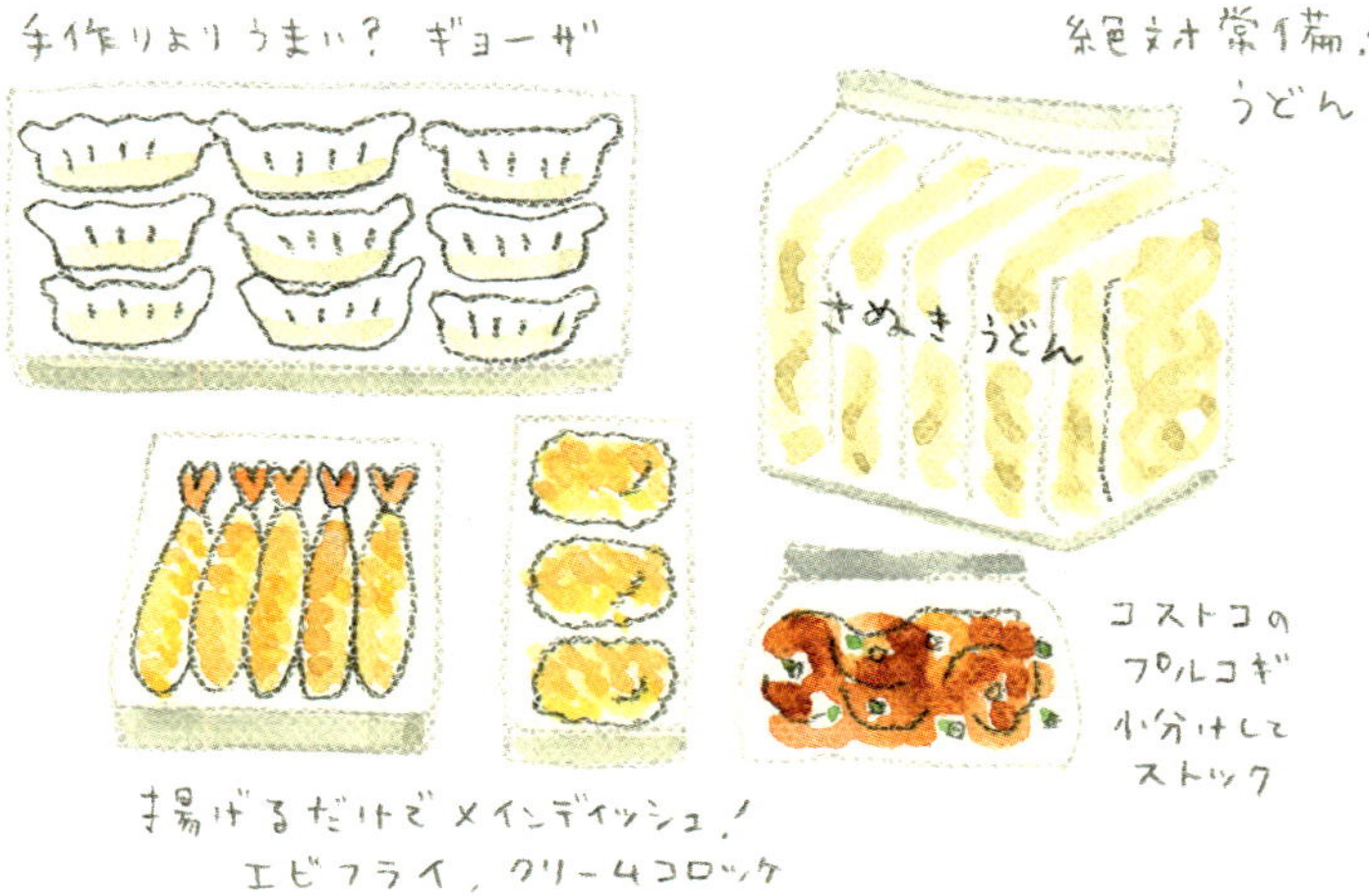
手作りよりうまい？ ギョーザ
絶対常備！ うどん
さぬきうどん
コストコのプルコギ 小分けしてストック
揚げるだけでメインディッシュ！ エビフライ、クリームコロッケ

「手抜き」も楽しむ余裕を持てる大人に

当たり前ですが毎日、毎日、家族にごはんを作っています。ごはんを作るためには毎日スーパーで買い物、ごはんを食べたら洗い物、着替えたら洗濯、散らかると片付け、ぐるぐるぐるぐるエンドレスで家事は続きます……。

「生きている限り、日々の家事に終わりなし」というのが主婦になって身にしみたことです。

毎日のくりかえしの中に幸せがあるのは分かっているけれど、週に一度(いや、二度、三度?)は、外食やデパ地下お惣菜、冷凍食品で「手抜き」しなくてはやってられません！　普段は食べられないものをプチ贅沢するのも、たまの楽しみです。

ところが、ある日周りの友人に「ごはんを作る気がおきないときって、どうしてる?」と聞いてみると、デキる主婦の答えはさすがでした。売っているお惣菜を買うことしか頭にない私とは違

デパ地下でプチ贅沢な手抜きごはん

デパ地下お惣菜のポイントは、そのまま出さずに、お皿に盛りなおすことかも!?

・まい泉のとんかつ……
キャベツを切ってご飯を炊くだけ。

・なだ万のお惣菜……
お皿に盛るだけで懐石料理のように美しい。

・RF1や柿安ダイニングのお惣菜……
華やかで色んな種類がちょこちょこ食べられておすすめです。

・蓬莱の甘酢肉団子……
家にある野菜を炒めて混ぜるだけでおいしい一品に。

デパ地下で買える「道頓堀　今井」のきつねうどんおいしいです。

い、何通りにも応用のきく料理を大量に作って冷凍ストックしておくのだそう！　焼豚を作っておき、どんぶりにしたり、炒飯にしたり。ミートソースを大量に作っておき、スパゲティはもちろんオムライスにしたり！　さっそく私もミートソースを作り、コロッケやドリアに変身させてみたところ、なんだか自分もデキる主婦になったようなすがすがしい達成感が！

40代プレ更年期の今、気をつけなくてはいけないことは「私ばかり、大変な思いをしている」という思いにとりつかれないことだと思います。自分ばかりが大変と思うと、悪いのは周りの人（家族）になってしまいます。家族の太陽である母親が、夫や子どもを攻撃しはじめると家の中の空気はもう最悪。そうならないよう、手抜きを楽しめる、ゆるーいてきとうなお母さんでいたいなあと思っています。

本気で忙しいときは手抜き丼ぶり

・ねぎとろ丼……スーパーで買ってきたまぐろのすきみに、ネギを刻んで混ぜるだけ！　プラスお味噌汁を。

・鰻丼……買ってきた鰻をトースターで焼き、きゅうりの酢の物を添えたどんぶり！　プラスお吸い物を。

・そぼろ丼……炒り玉子、ほうれん草のナムル、そぼろをのせた簡単どんぶり。

風を通して家にいい気をめぐらせる

新しい1日のはじまりに
新鮮 な空気で
家を満たします。

そうすると いい運気が
めぐるような気がして
気持ちがいいのです。

いい運気がやってくるように
なるべくマメに片付けます。
散らかっている部屋では
気の流れが悪くなる気が……。

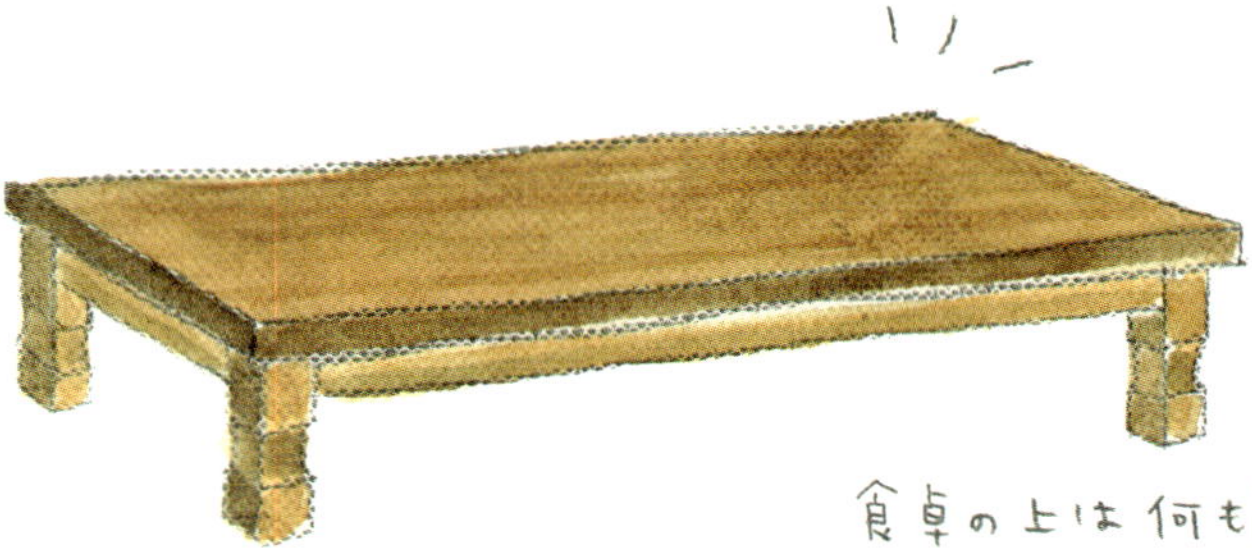

食卓の上は何も置かないように
心がけています。
これだけでも 部屋がスッキリ
見えるし、家族も 集まりやすい
ように 思います。

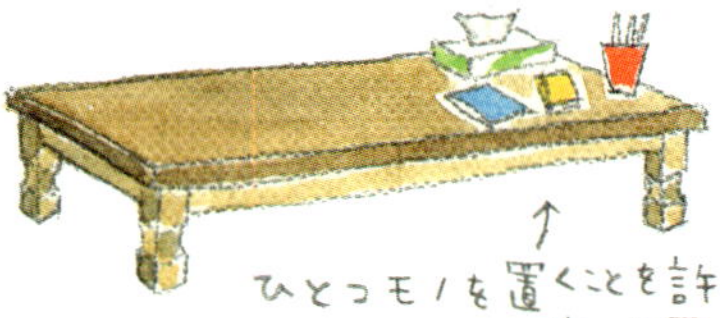

ひとつモノを置くことを許すと
テーブルの上の 定位置が
どんどん 増えて ごっちゃり

遊びに来た
友だちに
「落ちつくわー」
とか
「居心地いいね」
と言われるのが
いちばんうれしい。

風と光がめぐる家には、人も運も集まってくる

めぐりのいい家にするためには、いらないモノをためこまないことが大切です。そして何より、風が通りぬける「道」があること、太陽の光がいっぱい入ることも大事だと思っています。

家じゅうにいい「気」がめぐるよう、朝は必ずすべての窓を開けて、新しい風を家じゅうに通し、よどんだ空気を外に出します。どこか「開かずの間」を作ってしまうと、めぐりが悪くなるような気がするので、全部の部屋の窓を開けます。空気がきれいになると、部屋の掃除をする意欲も湧いてくるんです。

部屋にごちゃごちゃモノが置いてあったり、出しっぱなしのモノが多くては、空気のめぐりが悪くなるような気がするので、なるべくモノは置かないようにしています。片付けをするときにも、空気の通り道を遮らないように心がけています。窓を開けたとたん、紙やホコリが舞うようでは悪

空気の通り道を作る方法

- 窓を開けるのは、必ず光が差し込む時間帯に。2つ以上の窓を開けて風を通します。
- 風を通した後は、好きなアロマを焚いて、香りが家じゅうに流れていくのを確かめます。

家がきれいだと　ゆっくりていねいに　コーヒーを　淹れたくなります。

い気が流れてきそうですから、テーブルや棚の上には決まったモノ以外は何も置きません（とは言え忙しいときは、テーブルの上も画材や切り紙のくずがてんこもりですが……）。

すっきりした部屋で、太陽の光を浴びながら机に向かうと仕事もはかどります。あまり日当たりが良くない部屋の場合は、カーテンやラグを明るい色にする、なども効果的かもしれません。

家がきれいなときは、自分にも自然と余裕が出てくる気がします。そうすると子どもとの会話もゆったりできますから、家族が仲良くするためにも部屋の片付けは大事なんです。

めぐりのいい家というのは、良い運気が流れてくる家。それは、家自体の居心地の良さにもつながります。遊びに来た友達が、居心地がいいと言ってくれるのが、一番うれしいです。

人が集まるリビングの作り方

・テーブルの上にはモノを置きっぱなしにしない。
・リビングだけは、まめに片付け散らかさない。
・子どもたちがテレビや映画が大好きなので、テレビやＤＶＤレコーダーはみんなが集まるリビングにだけ置いています。

大人だからこそ、自分の住む街を大切にしたい

子どもを連れて
地元のお祭りに
参加すると
地域に根を張ってるな
としみじみ思います。

近隣の移動は
ほぼ自転車！
もちろん電動です。
雨がふっても
風がふいても♪

スーパーや 道ばたで
ママ友と 立ち話…。
ジモティ ならではの
しあわせ。

よく行くお店の人と
顔見知りに。
安心できる 街に
なっていきます。

地域に根を張り暮らす楽しみ

子どもが赤ちゃんのうちは、もっと自然がいっぱいの田舎で、のびのび育てたほうがいいのかな？　自分の居場所はここでいいのかな？　と気持ちが定まらないままだったのですが、長女が小学校に入学するとなかなか離れられなくなりました。結果、なんとなく住みはじめた世田谷にもう15年も住んでいます。

その間に子どもを二人育ててきたので、スーパーに行けば立ち話をする人や、話をしたことはなくても顔は知っている人がひとり、ふたりいるような、顔なじみのいる街になりました。

上京して一人暮らしを始めた頃は、自分の地元は故郷の大阪だといつも思っていましたが、いつの間にか世田谷が自分の地元になっていることに最近気がつきました。

長女が中学生になってマンションが狭くなり、いよいよ引っ越しをしなければと家を探し始め

地域になじむコツ

私は、「区報」をこまめにチェックしています。ここには、地域のお得な情報がいっぱい。市民農園を借りる方法、市民講座の案内、さまざまな習いごと、お祭りやフリーマーケットのスケジュールなど地域密着の情報が盛りだくさんで、熟読して暮らしにフル活用しています。

そのとき　そのときの
自分や 家族の状況に合わせて
引っ越しをするのも いいものです。

たとき、私自身がこの街から離れがたくなっていることに初めて気がついたのです。

もともとこの土地に生まれ育ったのではないし、家を買っているわけではないので、どこにでも引っ越せる自由が自分にはあると思っていました。それなのに、離れたくないと思っている自分にびっくり。毎日、毎日、てくてく歩いて買い物をしたり、友だちとごはんを食べたり、自転車に乗って花火を見に行ったり、この街でしかできないこと、味わえないことがたくさんあるのです。「根を張る」とはこういうことなのかもしれません。若い頃は身軽な自由さが大切だったのに、大人になったのかなあ、と思います。

子どもが巣立っていくと、自分の住む場所は、また変わるかもしれませんが、それまでは、この街での暮らしを大切にしたいなと思っています。

「住み心地のいい場所」とは

ずっと住んでいたくなる、「住み心地のいい場所」を見つける個人的基準は、

- 日当たりがいい
- 子どもの声がする
- 緑がある
- 図書館とスーパーが近くにある

昼間ひとりで家にいるとき、光がいっぱい差し込む部屋でお茶を飲み、遠くから子どもの声など聞こえると、たまらなく幸せな気持ちになります。

column

大人女子アンケート キレイのためにこれだけはしてること

周りの40代女子に、忙しくても死守している
美容法を教えてもらいました。

3日に1回 パック

早寝早起き

コラーゲン鍋を食べる

かかとケアをする

毎日 笑って過ごす

腹巻きと靴下で
冷えとり

第五章

40歳からの人間関係メンテナンス

友だちや家族、そして自分……
大人になるにつれ、変わってきた人間関係。
周りへの感謝を忘れず、人に元気をあげられるような
大人の女性になりたいと思うこの頃です。

大人の友だちづきあい

学生のころの友だちは
なぜか独身率高し。
べったりしない
さっぱりしたつき合いだけど
いざというとき
一番たよりにしてるかも。

海外にも一緒に行きます。
しゃべらなくても平気な関係
なので旅行に行ってもラク。

生活スタイルの合うママ友は近所で会うのが基本。
電車には乗りません。
もっぱらランチか飲み会で盛り上がる。

友だちとの距離の取り方

女の友情で大事なのは「時間帯」かもしれません。私の場合、学生時代から続いている友だちは二人。住む場所も、生活環境も違うので、頻繁に会うわけではないのですが、自分のことを分かってくれているという強い安心感があります。古い友だちがいるという自信は、自分にとって何よりも大きな元気の源です。

普段、よく会って話すのは、もっぱら時間帯の合うママ友。学生時代の友だちと違い、自分自身のことはあまり話さないけれど、子どものことで何時間も話せるのだからすごいです。これがまた楽しく、ママ友なしでの子育ては考えられないほどです。

でも、子どもありきのつきあいなので割と濃密な関係になりやすい。近くなり過ぎるとトラブルも生まれやすいので、「一定の仲良しの域」を超えない距離感を意識するようにしています。

ただ、そうは言っても10年以上のつきあいになると「子ども」ありきだった関係の「子ども」がいなくなり、気がつけばいつの間にやらママ友の枠を超えた「友だち」になることも。

流れていく人生では新しく出会う人、さよならする人のくりかえし。でも、分かってくれている友だちがいるからもういいやではなく、新しい出会いを受け入れる余裕が自分を導いてくれると思います。年を重ねるにつれ、新しい出会いはどんどん少なくなっていくと思うので、ひとつひとつを大事な縁に変えていけたらなと思います。

40歳からのSNSとのつきあいかた

世代のせいか、いまだに
ラインなどのメッセージで
(笑)がはずかしくて
使えない・・・
ちなみに、wwも
(笑)と同じ意味
らしいですYO!
ですね(笑)
ですww
今では
スマートフォンや
タブレットなしで
外出すると
不安になってしまう
ほどなくては
ならないものに…

とうとうスマホの
ゲームの夢を
見てしまった。さすがに
「ヤバイ」と思い
アンインストール
しました…。

同世代の友だちにすすめても、やりたくないという人が、けっこう多いフェイスブックやライン。どこからどこまでを友だちにすればいいかを考えるだけで、めんどくさいとのこと。

確かに、ママ友に友だちリクエストをしたら、投稿を公開していない友だちもいるから、話題にしないでと言われてしまった。なるほど、いろんなややこしいこともあるんだろう。

でも、遠くでがんばっている同級生の近況がうれしくて、涙が出るようなこともありました。大学卒業以来、連絡をとっていなかった友人とフェイスブックで再会。当時勉強していたこととは全く

フェイスブックは
集団交換日記の
ようだと思う…
少なすぎても
多すぎても
気になる
「いいね！」の数
かめちゃん お久しぶりです
なみちゃん
こんにちは
20年ぶりにFBで再会。
もうおじさんとおばさんなのに
当時のあだ名で呼びあうのが
笑えます。

違う職業、「無農薬農法家」や「映画監督」、「ファッションデザイナー」などになっていてびっくり！　遠くにいるからこそ、応援したい気持ちになります。

なんでも、バランスが大事。「いいね！」の数も、コメントの数も気にしない。「いいね！」を押してもらったから、「いいね！」を返さなきゃとも思わない。

特定の人だけが分かるような発信はトラブルの原因にもなりやすいので避けています。ほどよいさじ加減で、読んでくれた人がさらさらと流し読みしてくれるように心がけたいなと思う今日この頃です。

40代は、子どもとの関係も見直したい

先日、高校2年生の娘を持つ友だちが、「最近、娘との時間を大切にしてるの」と教えてくれました。確かに、子どもは高校を卒業したら家を出て行ってしまうかもしれない。そう思うと、これまで当たり前だった子どもとの時間が、とても愛しく思えてきたのかもしれません。

とは言え、友人はついこの間まで「子育てに追われて自分の時間がない」と嘆いていたのに、もう親離れ？　とびっくりです。親と子の関係は永遠に続いていくけれど、「子育て期」って、あっという間なのですね。

わが家でも、子どもが小学校入学までの6年間は、子どもから一番自分を必要とされていた時期。それに応えていつも一緒にいて手をつないでいたのに、つい最近9歳の息子と手をつないで歩こうとしたら、ささっと手を離されてしまいました。「ママと手をつないでいるところを友だちに見られたら恥ずかしい」とのこと。そう

なかなか難しい、子どもとの距離感

親が教えなければいけないことと、子どもが自分で気がつかなければいけないこと、両方あるので、そのさじ加減をいつも意識しています（とは言え、ついつい口出しし過ぎます）。

私が娘に毎日のように言ってる言葉は「ひとつ、ひとつをていねいに」。自分自身、ほめ下手、あやまり下手なので反省しています。

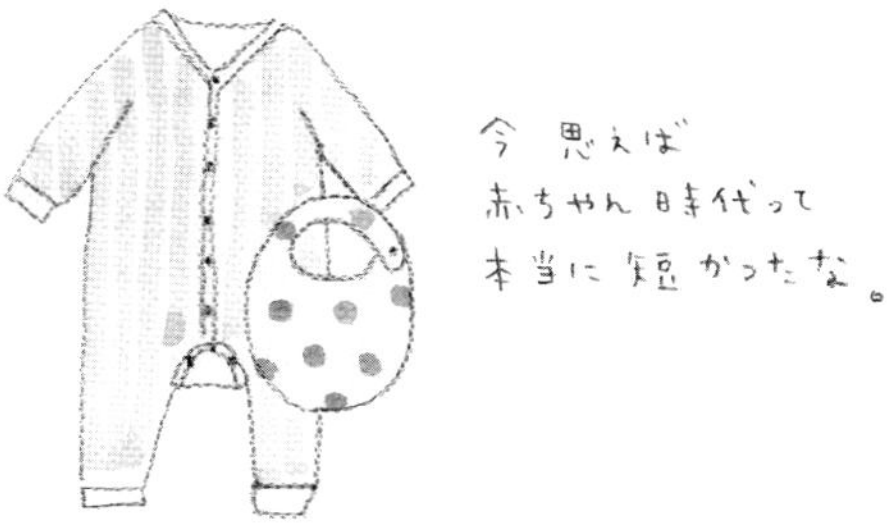
今思えば
赤ちゃん時代って
本当に短かったな。

か〜、もうそんな年頃になったのか。ちょっと寂しいけれど、私にとってはこれがとても大事な気づきになりました。よかれと思って先回りし、あれこれ口や手を出すのは、今後子どもの自立する力を台無しにしてしまいそうです。

一方、14歳になった娘は、思春期のまっただなか。おしゃれして友だちと原宿に行ってプリクラを撮ったり、東京タワーまで自転車で行ってくる！　と冒険に出てみたり……。「よっ、青春ちゃん！」と呼んでしまうほど、毎日を満喫中。

自分の青春時代を思い出して楽しいのですが、ついつい勉強してんの？　ラインばっかやってんじゃないよ！　と、怒ってばかりの毎日です。でも、3年後には、娘も高校2年生。冒頭のママ友のように、終わりかけの子育ての時間を愛しく思うようになるのでしょうか。

子どもが手を離れたら……こんなことがしたい

今の自分の人間関係や友人は、子どもがらみがほとんど。それがなくなるとかなり寂しい日常になるので、習いごとやボランティアなど人と関わることをして、新たな社会生活を作らなければと思います。

たまには夫婦関係にもメンテナンスを

結婚して15年。
理由がないと
2人で力を合わせることも
ない今日このごろ。

結婚して15年。山あり谷あり、色々あり、夫婦の関係もずいぶん変わってきました。
26歳で結婚してから10年間は主夫をしながらミュージシャンを目指していた夫。その頃は私が家計を支えていました。小さな子どもと夫といつも一緒に家にいながら絵を描いていたあの頃は、陽だまりのようにぽかぽかした幸せな時代でした。

でも、二人目の子どもが三歳になり、来春には保育園というとき、「このままではもう無理だ！」と大きな焦りを感じるようになりました。息子の保育園入園の日までに仕事を決めて、と夫の尻をたたきまくりました。夫は37歳にして初めての就職活動開始です。

あの頃、夫もつらかったと思いますが、がんばったかいあって奇跡的に約束の期限までに就職することができました。

将来2人きりの生活がやってくるなんて
想像できないのが本音だけど…
お互いに生涯ずっと仕事を持てる
生き方をするのが理想です。
そのために今から
がんばらなきゃ！と思う

それは私にとっては、主婦業のスタートでもありました。洗濯機をまわしたのも、お茶碗を洗ったのも、初めてだったかも……。

37歳からの5年間は、こんなに変わるものかというくらい、人生が現実的なものになりました。子どもの教育費、自分たちの仕事や体のことなど目の前の「リアル」が大き過ぎるんです！　おかげで夫婦という関係性は薄れてしまって、家族4人という関係性がとても強くなりました。今は、家族でお互い助け合って、足りないところを補い合って生きていこう！　という感じです。

ゴルフなど共通の趣味がある友人夫婦は2人の時間を楽しんでいるよう。

比べて私たちの2人の時間と言えば、スーパーの買い出しに皿洗い……。この先、2人で楽しめる素敵な何かがみつかるといいのですが……。

大人だからこそ、「三日坊主の習いごと」を大切に

いくつになっても、新しい何かをはじめられるって勇気をもらえること。年を重ねるにつれ、「教わる」という謙虚な気持ちになることはすがすがしいものです。

と言いながら、今まで何度も続けられずに挫折している、三日坊主の習いごとがたくさんあります。銅版画、型染め、木版画……。家から遠いとか、生徒さんが他に誰もいないとか、情けない理由で足が遠のいてしまってそれっきり。でも、どれももう一度チャレンジしてみたいものばかりです。

唯一続けられたのは、「細工場エキグチ」。日本の行事にまつわる、紙と布を使った手仕事を教わる教室です。当時80歳を過ぎていらっしゃったエキグチクニオ先生のご自宅に伺い、おしゃべりをしながら教わるのがとても楽しみでした。私も80歳を過ぎたおばあちゃんになったら、自宅であんな教室が開けたらいいなと密《ひそ》かに憧れてい

40代、人気の習いごと

- バレエ
- ヨガ
- 書道、ペン字
- 料理、パン、お菓子作り
- ピアノ、ギターなど楽器
- 着物の着付け
- 陶芸

3日坊主でもいいやというお気楽な気持ちで門をたたいてみるのもいいかもしれません。

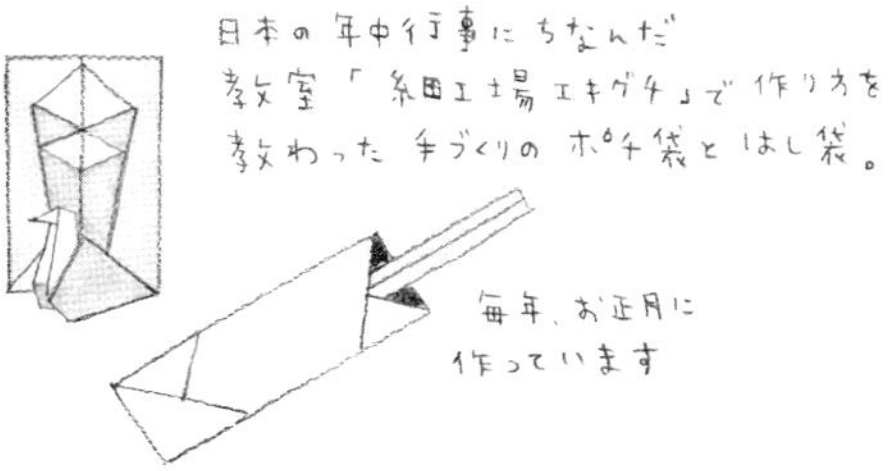
日本の年中行事にちなんだ
教室「細工場エキグチ」で作り方を
教わった手づくりのポチ袋とはし袋。
毎年、お正月に
作っています

ます。

単発で、料理やお菓子の作り方を教えてくれるワークショップに参加するのも楽しいです。勉強してきたことを、すぐ家族に披露できて喜んでもらえるのがうれしい。まずはこういった手軽にはじめられるもので、色々試してみるのもいいかもしれません。アロマやストレッチなど体にいい影響を与えてくれそうなこともやってみたいし、黙々と続ける手芸や手仕事、書道や茶道など和の勉強もいいですね。興味のあることはたくさんあります。

習いごとは、人との出会いもまた新鮮です。普段は会わないようなタイプの人がいると思えば、同じ「好き」を持つ人もいます。

自分の人生に新しい風を吹かせてくれたり、スパイスを利かせたりしてくれる習いごとは、これからの暮らしになくてはならないものになりそうです。

最近行って楽しかったワークショップ

女子なら誰でもときめいてしまう、カラフルでかわいいアイシングクッキー教室に参加しました。習ってみると意外に簡単で、自宅で作れるようになれたのがうれしい。合格を願って受験生に「五角」形のクッキーを。バレンタインに、娘の友チョコならぬ友クッキー作り……など、普段の暮らしに活かせるところがいいですね。

デコラティブ・スイーツ専門のお菓子のアトリエ「タンデコロリ」
http://temps-des-coloris.com/

今だからしたい、親孝行

誕生日には必ずカード
を送ってくれます。

私の母親は孫と同じ
アイドルの追っかけをしていたり
同じアプリのゲームをしているので
話が合うのです。
通話料金ゼロの
同じ携帯キャリアを
使っているので
気軽に話せます

40歳を過ぎてもいまだに、親がいる安心感に甘えているなあと思うことがあります。年越し、正月は必ず両親と家族で過ごすのですが、気がゆるみ、高熱で寝込んでしまうことがよくあるのです。「看病してくれる親がいる」と思うと急に安心してしまうんですから、いくつになっても子どもですね。

結婚して子どもができてから、親との関係はさらに強くなりました。実家は大阪、私は東京なのですが、両親は初孫会いたさに月に一度は上京していたくらいです。

おかげで、今では子どもたちとおじいちゃん、おばあちゃんの絆は、とても深いものになりました。単純にものを買ってくれるという関係ではない「家族」の絆で結ばれています。これは、私ができた一番の親孝行かもしれません。

誰でもオシャレに見えるであろうボーダーシャツ＆デニムをおそろいで、なんていいかも
父親の古希のお祝いにやってみたいと考えているのは家族写真を撮ること

とくに私の母は気持ちが若く、息子と同じゲームアプリで競い合い、娘と一緒に同じアイドルの追っかけをしているので、孫との話題にも事欠きません。しょっちゅう携帯で、息子とゲームの攻略法を伝授し合ったり、娘とアイドルの最新情報で盛り上がったりしています。そして、私は仕事の経理をお願いしているので頭が上がりません。どんなに年を重ねても必要とされる、母のような存在に私もなりたいなと思います。

父が還暦を迎えた際、家族みんなで赤い服を着て記念写真を撮りました。次は古希のお祝いに、また家族写真を撮ろうかと計画中。どうせなら、父が若々しくおしゃれに見えるよう、ボーダーシャツとデニムで揃えるのもいいな、なんて思っています。

40代だからこそできるチャレンジ

「人生残り半分だと思ったら、やりたいことにチャレンジしよう！　っていう気持ちが強くなった！」というのは、同い年の友人の言葉です。40歳を過ぎると「もう今さら自分は……」とあきらめてしまう人も多いなか、まさに逆転の発想です。かっこいい！　彼女は、好きな料理の腕を活かし、通信制の学校でフードコーディネーターの資格を取ったそうです。さらに野菜ソムリエ、調理師免許も取りたいと勉強中。すごいなあ、私もがんばらなきゃ、といい刺激を受けました。

以前、木版画を教えていただいた60代の先生は、「私も40歳から始めたのよ。夢中になってやっていたら、こうして仕事になったのよ」とおっしゃっていました。40代からはじめても遅いことはない、と身をもって経験されている先輩の言葉は、心強く私の胸に響きました。いくつになっても、夢中になるものがある、勉強することが

◈40代から勉強し、自立できる職業は……

・アロマセラピスト
・ネイリスト
・収納プランナー
・ブライダル着付け師
・フードコーディネーター
・パン・お菓子職人

すべて資格試験があり、通信制でも勉強ができます。

かっこいい年上の女性を
見ると「私も 今から
がんばろう！」って
思えます。

あるって、とても素敵な生き方だと思います。

また、アロマセラピーを教えていただいた先生も、40代で体調を壊したことをきっかけに、当時はまだあまり日本には普及していなかったアロマセラピーを独学で学んだそうです。

その先生に教わったことで印象に残っているのが、「『自分を知ること』が、行動のきっかけになる」ということです。アロマオイルをひとつ選ぶにしても「今の自分が何を求めているのか」「どの調子が悪いのか」と、体の声や心の声に耳を傾ける。そうすると自分に足りないもの、必要なものが分かるのです。自分を知ることで世界が広がり、人とつながっていく。

私にも、何かをはじめるときがやってくるかもしれません。そのチャンスを逃さないよう、自分の声にいつも耳を傾けていたいと思います。

私の周りの「40代から」の女性たち

・主婦からネイリストに転身（45歳）
・会社員から起業して社長に（40歳）
・子育てをしながら自宅で自家製クッキーショップオーナーに（41歳）
・毎日の料理をアップして人気ブロガーに（43歳）

みなさん共通しているのは、「自分の心の声に正直」ということ。いくつになってもチャレンジする姿に勇気をもらえます。

不安なときは、10年後の夢を考える

不安を持っていると、心の中が暗くなります。日常の忙しさで忘れることはできても、ふとした瞬間、ぼや〜と曇ってきてどんどん濃くなっていく。私の場合、10年後、20年後の家のこと、夫の仕事、健康のことなどを考えるとぼやぼやぼや〜〜〜と不安の雲がやってきます。

　こういう混沌とした不安があるときは、「自分の信じる道を決めて進めばだいじょうぶ！」という強い気持ちが、暗い道を照らす光になってくれます。子どもは子ども、夫は夫、自分は自分。それぞれに自分の生きる道がある。それでもお互い助け合って生きていけばいい。それぞれが自分の人

10年後にやりたいこと

その1
何かを作りながら
売る店を持ちたい
(でも その「何か」
は全く見えてない)

その2
人の集まる「場」を
作りたい
(でも その場で
何をするかはまだ見えず)

生を自分の力で生きていく力を持つことが、一番素敵な生き方だと思っています。

そしてもう一つ、不安なときは「10年後にはこうなりたい、こうしよう」という野望を持つようにしています。すると、不思議なくらい不安の雲が晴れ、心がぐっと軽く明るくなり、また10年がんばれる強さを持てるのです。「今が暗くても、先に光が見えているからそこまで行ける」と思えます。この光は自分でつかむ光です。家族みんなにも、それぞれの光を持って生きて行ってほしいと思っています。私の心の中では、進む道の先に光が、ぼんやりとではありますが見えています。

おくりもの上手になって、ありがとうを伝えられる人に

先日、九州に住む友人から、楽しいびっくり箱が届きました。中には、土人形、ろうそくのステンドグラス、彼女が作った可愛らしいお手玉やら……そうそう、カボスまで入っていました。心のこもったプレゼントをさらりと送ってくれる彼女は、私の憧れの人でもあります。その日、私はうれしくて、一日中うきうきした気持ちですごしました。

いいところは、真似っこしよう。私も「おくりもの上手」な人になりたい、こんな風に人に「うきうき」を贈れる人になりたいなと思いました。正直私は、こういうことをするのが、すごく下手で苦手です。「もらっても困るかな？　こんなの欲しいかな？　趣味じゃないよね」などと余計なことを考えているうちに、めんどうになって、なにもしないことを選んでしまうのです。

好きなことと好きなことがつながって世界が

心ばかりの小さなおくりもの

手土産に愛用しているものたちです。

・茅乃舎《かやのや》のあごだし
……これを使えばいつもの味噌汁が染み渡る味わい深さに

・柳桜園茶舗のほうじ茶
……おいしさはもちろん、鳥獣戯画のパッケージも素敵

・うさぎやのどら焼き
……行列のできる有名店だけに、喜ばれることまちがいなし

・ちもとの八雲もち
……ふんわりマシュマロのような求肥が竹の皮で三角に包まれています

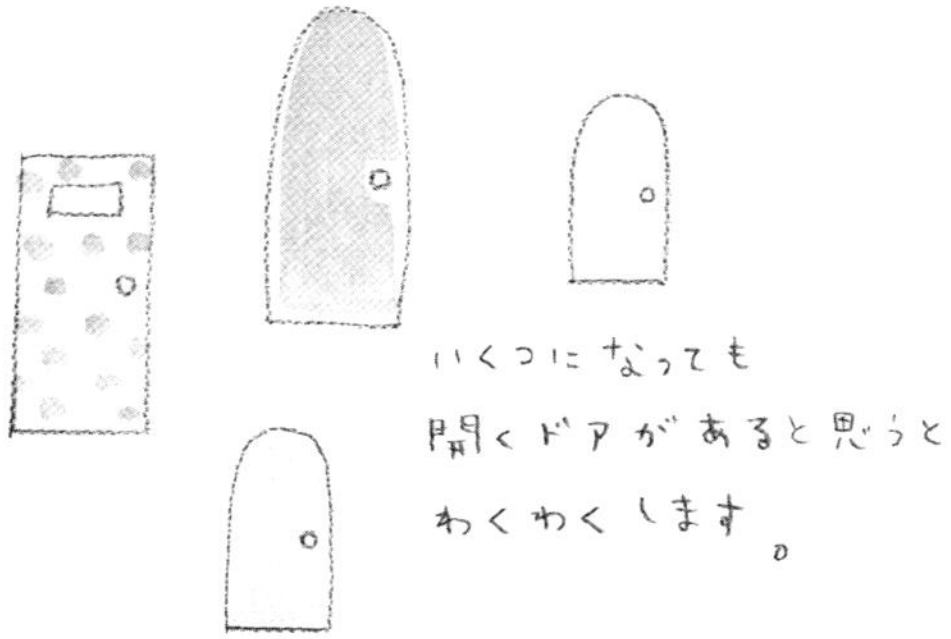
いくつになっても
開くドアがあると思うと
わくわくします。

広がって行く。そんな風に年を重ねられたらいいなと思います。人を好きでいること。自分を好きでいること。人が好きでいてくれる自分になるよう努力すること。そんな気持ちを、きちんと人に伝えなければ、表現できなければいけないなと思うようになりました。

いくつになってもたくさん笑ったり、思いっ切り泣いたり、ドキドキやときめきのある人は、いつまでも若々しくいられるそうです。それは、どれも一人ではできないことです。私は、人が好きだけれど「一人のほうがラクかも」と思ってしまうタイプ。年を重ねれば重ねていくほど、人に対する心の扉を閉じてしまわないよう「おくりもの上手」になって、ありがとうを伝えられる人になりたいなと思います。

おくりもののアイディア

・両親には、健康を気遣ってあたたかい保温肌着やストール。さらに、スニーカーやショルダーバッグなど、転んだりせず安心して外出できるグッズを誕生日プレゼントなどにしています。
・遠くに住む友人には、旅先で食べた美味しいものを（ご当地お漬物、旬の魚介類、とれたて野菜など）。

40代をもっと素敵に過ごすための10カ条

からだ編

一、指先、足先、髪など末端のケアを忘れない。

二、口角をあげることを意識する。

三、とにかく体を冷やさない。

四、背筋をぴんと伸ばす。

五、年を重ねるほど清潔感が大事。